Stefan George
Baudelaire. Die Blumen des Bösen.
Umdichtungen

AF238806

SEVERUS Verlag

George, Stefan: Baudelaire. Die Blumen des Bösen. Umdichtungen. 2018
Neuauflage der Ausgabe von 1930
ISBN: 978-3-95801-780-1

Lektorat: Chris Kaiser
Satz: Chris Kaiser

Umschlaggestaltung: Annelie Lamers, SEVERUS Verlag

Bibliografische Information der Deutschen Nationalbibliothek: Die Deutsche Nationalbibliothek verzeichnet diese Publikation in der Deutschen Nationalbibliografie; detaillierte bibliografische Daten sind im Internet über https://dnb.de abrufbar.

Der SEVERUS Verlag ist ein Imprint der Bedey & Thoms Media GmbH,
Hermannstal 119k, 22119 Hamburg

SEVERUS Verlag, 2018
http://www.severus-verlag.de
Gedruckt in Deutschland
Der SEVERUS Verlag übernimmt keine juristische Verantwortung oder irgendeine Haftung für evtl. fehlerhafte Angaben und deren Folgen.

Stefan George

Baudelaire
Die Blumen des Bösen
Umdichtungen

Inhalt

VORREDE ZU BAND XIII/XIV DER

GESAMTAUSGABE

Diese Ausgabe ist vermehrt um drei Stücke, S.47, S.50, S.168, die zur Zeit des ersten Druckes als zu unfertig ausgeschieden wurden. Neues kam seitdem nicht hinzu und somit kann die Arbeit als abgeschlossen gelten. Die Vor-Ausgabe in Handschrift-Abdruck vom Jahre 1891 ist im Anhang enthalten. Von den 151 Fleurs du Mal sind 118 übertragen.

VORREDE DER ERSTEN AUSGABE

Diese Verdeutschung der FLEURS DU MAL verdankt ihre Entstehung nicht dem Wunsche einen fremdländischen Verfasser einzuführen, sondern der ursprünglichen reinen Freude am Formen. So konnte sie auch nicht willkürlich fortgesetzt und vollendet werden und der Umdichter betrachtete seine mehrjährige Arbeit als abgeschlossen, nachdem er seine Möglichkeiten erschöpft sah. Erschwerend war, dass von Baudelaire noch keine gute Ausgabe besteht, man bald zur ersten, bald zur zweiten greifen muss und die dritte sogenannte endgültige an Unordnung, Fehlern und Lücken leidet. Es bedarf heute wohl kaum noch eines Hinweises, dass nicht die abschreckenden und widrigen Bilder, die den Meister eine Zeit lang verlockten, ihm die große Verehrung des ganzen jüngeren Geschlechtes eingetragen haben, sondern der Eifer, mit dem er in der Dichtung neue Gebiete eroberte und die glühende Geistigkeit, mit der er auch die sprödesten Stoffe durchdrang. So ist dem Sinne nach >SEGEN< das Einleitungsgedicht der BLUMEN DES BÖSEN und nicht das fälschlich >VORREDE< genannte. Mit diesem Verehrungsbeweis möge weniger eine getreue Nachbildung als ein deutsches Denkmal geschaffen sein.

TRÜBSINN UND VERGEISTIGUNG

I

SEGEN

Wenn nach den allerhöchsten urteilsprüchen
Der dichter auf die trübe erde steigt
So schaudert seine mutter und mit flüchen
Bedroht sie Gott der selber mitleid zeigt:
Ach! was gebar ich nicht ein nest von schlangen
Eh ich ernährte solch ein zwitterding!
Verwünscht die nacht mit flüchtigem verlangen
In der mein leib die sühne mit empfing!
Was hast du mich erwählt aus allen frauen
Dem blöden mann der vor mir abscheu hat ·
Weshalb kann ich den flammen nicht vertrauen
Die missgeburt wie ein verfänglich blatt?

Den hass der mich erdrückt will drum ich lenken
Aufs grause werkzeug deiner schadensucht ·
So gut will diesen schlechten stamm ich renken
Dass nie er zeitigt die verseuchte frucht.

So würgt sie nieder ihres grolles eiter
Mit keiner ahnung von des himmels rat
Und türmt sich in der hölle selbst die scheiter ·
Den lohn für mütterliche greueltat.

Doch unter eines engels sicherm schutze
Haucht der Enterbte froh im sonnenschein

Und was er isst und trinkt ist ihm zu nutze
Wie götterbrot und roter götterwein.

Er spielt mit winden · spricht mit wolkenflügen ·
Berauscht sich an der kreuzweg-lieder laut.
Der geist · sein führer auf den pilgerzügen ·
Weint da er ihn so frisch und heiter schaut.

Die er zu lieben brennt vor ihm erschrecken ·
Und andre die sein friede kühn gemacht
Versuchen eifrig klagen ihm zu wecken
Erprobend was die roheit ausgedacht.

In wein und brot eh er zum mund es führte
Vermischten eklen speichel sie und ruß.
Sie werfen heuchelnd weg was er berührte
Und fluchen · ging durch seine bahn ihr fuß.

Sein weib schreit auf dem öffentlichen platze ·
Da er mich liebenswert erklärt und hold
Treib ich das handwerk einer götterfratze:
Stets lass ich schmücken mich mit frischem gold.

Betrinken will ich mich an weihrauch mirren ·
An kniefall tief im staub · an fleisch und wein.
Im sinn den meine reizungen verwirren
Nehm ich mit lachen Gottes stelle ein.

Und macht mir diese lästerposse mühe
So fasst mein starker schwacher arm ihn an
Und meine nägel · nägel der harpye ·
Verfolgen bis zu seinem herz die bahn.

Dem jungen vogel gleich der zuckt und schüttert
Dies herz ganz rot reiß ich aus seiner brust.

Auf dass mein lieblings-tier sich daran füttert
Werf ich zu boden es mit kalter lust.

Am himmel strahlen reiche königsitze ·
Der dichter heiter hebt den frommen arm
Und seines lichten geistes weite blitze
Verhüllen ihm der völker wilden schwarm.

Preis dir o Gott der uns zur drangsal leitet ·
Uns die wir unrein sind zum heilungs-fluss ·
Zum klaren filter der uns vorbereitet ·
Die starken auf den heiligen genuss!

Ich weiß: der dichter hat der sitze besten
Mit seliger legionen schar gemein ·
Ich weiß du lädst ihn zu den ewigen festen
Der Kräfte Mächte und der Thronen ein.

Ich weiß: vom adel ist der Schmerz der echte
Den erde nie und hölle niederwarf
Und dass wenn ich mein göttlich stirnband flechte
Ich aller weltenkreise zins bedarf.

Doch schätze lang verschütteter Palmyren
Verborgen gold und perlen in dem meer
Von dir emporgeholt dürft ich nicht küren
Zu dieser krone sonnenhell und hehr.

Denn sie wird nur geprägt aus reinem lichte
Das ich vom heilgen Strahlenherd erlas
Dem aller glanz der menschlichen gesichte
Nichts ist als armes trübes spiegelglas.

II

DER ALBATROS

Oft kommt es dass das schiffsvolk zum vergnügen
Die albatros · die großen vögel · fängt
Die sorglos folgen wenn auf seinen zügen
Das schiff sich durch die schlimmen klippen zwängt.

Kaum sind sie unten auf des deckes gängen
Als sie · die herrn im azur · ungeschickt
Die großen weißen flügel traurig hängen
Und an der seite schleifen wie geknickt.

Er sonst so flink ist nun der matte steife.
Der lüfte könig duldet spott und schmach:
Der eine neckt ihn mit der tabakspfeife ·
Ein andrer ahmt den flug des armen nach.

Der dichter ist wie jener fürst der wolke ·
Er haust im sturm · er lacht dem bogenstrang.
Doch hindern drunten zwischen frechem volke
Die riesenhaften flügel ihn am gang.

III

AUFSCHWUNG

Hoch oberhalb der weiher und der ähren
Der wälder und der berge und der see ·
Jenseits von wolken und von ewigem schnee ·
Jenseits der grenzen der gestirnten sfären ·

Dort regst du dich in freiheit · meine brust!
Und wie sich schwimmer in den wellen breiten
So ziehst du durch die unermesslichkeiten
Mit männlicher unsagbar großer lust.

Flieh weit aus dieser kranken dünste giften ·
In einem höhern luftraum werde rein
Und trink wie einen himmlisch echten wein
Das klare feuer in den lichten triften!

Los von dem kummer von der großen qual
 – Des nebeldüstern daseins lästge zügel –
Wie ist der glücklich der mit starkem flügel
Entschweben kann ins stille heitre tal!

Der dess gedanken auf der lerche schwinge
Emporgetragen werden in der früh …
Er fasst die welt und deutet ohne müh
Der blumen sprache und der stummen dinge.

IV

EINKLÄNGE

Aus der natur belebten tempelbaun
Oft unverständlich wirre worte weichen ·
Dort geht der mensch durch einen wald von zeichen
Die mit vertrauten blicken ihn beschaun.

Wie lange echo fern zusammenrauschen
In tiefer finsterer geselligkeit ·
Weit wie die nacht und wie die helligkeit
Parfüme farben töne rede tauschen.

Parfüme gibt es frisch wie kinderwangen
Süß wie hoboen grün wie eine alm
Und andre die verderbt und siegreich prangen

Mit einem hauch von unbegrenzten dingen ·
Wie ambra moschus und geweihter qualm
Die die verzückung unsrer seelen singen.

V

Ich will die entschwundenen nackten zeiten loben
Wo Phöbus die säulen mit goldenem schimmer umwoben ·
Als mann und weib genießend in leichtem zug
Noch lebten ohne bedrängnis und ohne betrug ·
Als die von des liebreichen himmels kosen berührten
Die volle kraft ihrer edlen leiber verspürten.
Und Cybele · fruchtbar und freigebig ohne rast ·
Empfand ihre söhne noch nicht als beschwerliche last
Und gab · eine wölfin schwellend mit zärtlichen lüsten ·
Der ganzen erde den trank von den braunen brüsten.
Der mensch in schlanker und stolzer kraft war bestellt
Sich könig zu heißen über die schönheit der welt ·
Die früchte rein von flecken und ohne risse
Mit glattem und festem fleische luden zum bisse.

Und ist in unseren tagen der dichter die pracht
Ursprünglicher größe an orten zu finden bedacht
Wo mann und weib in ihrer nacktheit sich zeigen
So fühlt er finsteren frost in die seele steigen.
O düsteres bild das alle schrecknis vereint!
O formlosigkeit die nach ihren kleidern weint!
Gestalten würdig der masken · armselige stümpfe!
Verdrehte aufgeschwemmte und magere rümpfe!
Der Gott des nutzens in seinem grausamen scherz
Hat sie schon als kinder gewickelt in windeln aus erz.

Ihr frauen an zernagenden wollüsten reiche
Und ach! ihr jungfrauen wie die wachskerzen bleiche!
Ihr seid durch der eltern vererbte laster erschlafft
Und mahnt an die hässlichkeiten der mutterschaft.

Wohl haben wir völker die in verfall gerieten
Den Alten verschlossene schönheiten auch zu bieten:
Gesichter zermartert durch innerer kämpfe schlag
Und die man als sieche schönheiten preisen mag.
Doch dies geschenk das die späten musen uns spenden
Wird niemals uns · die kränklichen rassen · verblenden
Wir bringen der jugend die tiefste huldigung dar ·
Der heiligen jugend · dem wesen einfach und klar ·
Dem auge heiter und sanft gleich der fließenden quelle
Die überall um sich verbreiten sorglos und helle
Wie vögel wie blumen wie azurne himmelsluft
Ihr lied ihre sanfte wärme und ihren duft.

VI

DIE LEUCHTTÜRME

Rubens · der müßigkeit garten · fluss von vergessen
Und pfühl frischen fleisches · für unsre liebe wohl leer ·
Doch von einem leben so strömend und drängend besessen
Wie luft in dem himmel und wie das meer in dem meer.

Leonardo da Vinci · ein spiegel tief und dunkel
Wo reizende engel mit ihrem süß-lächelnden mund
Und voll von geheimnis erscheinen im abendgefunkel
Der gletscher und fichten · des heimatlands hintergrund.

Rembrandt · trauriges siechhaus voll murmelnder stimmen
Und mit einem großen kruzifix nur geschmückt ·

Wo beten und weinen über dem unrat schwimmen
Und jählings von einem winterstrahle durchzückt.

Michelangel · nebelwelt wo die giganten hämmern
Und märtyrer dulden · wo sich in die höhe streckt
Aus seinem grab ein mächtig gespenst das im dämmern
Sein schweißtuch zerreißt indem es die finger reckt.

Der wettkämpfer wüten · das schamlose treiben der faunen:
Du der die schönheit bei pöbel und schurken fand ·
Du stolzen sinnes doch schwach und mit giftigen launen ·
Puget · du trauriger fürst in der sträflinge land.

Watteau · ein fasching wo viele erlauchte herzen
Wie schmetterlinge irren mit zuckendem glanz ·
Ein frischer und leichter zierrat erhellt von den kerzen
Die tollheit gießen in diesen wirbelnden tanz.

Goja · ein nachtmahr von unergründeten dingen ·
Von leichen die man an hexensabbaten sott ·
Wo weiber vorm spiegel und nackte mädchen sich schwingen
Die strümpfe sich bindend den lüsternen geistern zum spott.

Delacroix · blut-see wo böse engel sich scharen ·
Darüber die schatten der stets grünen fichten ziehn ·
Wo unter dem traurigen himmel fremde fanfaren
Wie ein erstickter seufzer von Weber fliehn.

Dies alles an flüchen an lästerungen an träumen
Verzückungen klagen tränen und lobliedern trifft
Sich wie ein echo aus tausend verschlungenen räumen ·
Es ist für die menschen ein göttlich berauschendes gift ·

Es ist ein laut den tausend schildwachen schreien ·
Ein losungswort das von tausenden lippen schwirrt ·

Es ist ein leuchtturm der flammt über tausend basteien ·
Ein ruf von jägern im dickicht des waldes verirrt.

Dies ist es o Gott! was bei all deinen herrlichkeiten
An unsre würde uns den glauben erwirbt:
Der glühende seufzer der hinrollt von zeiten zu zeiten
Und der am rande deiner ewigkeit stirbt.

VII

DIE KRANKE MUSE

Du arme muse · ach wie ist dir heut?
Aus hohlem aug dir nachtgesichte steigen ·
Auf deinem antlitz seh ich ausgestreut
Den wahnsinn und die angst in kaltem schweigen.

Der grünen oder roten elfen schwarm
Goss furcht und liebe dir aus seinen urnen?
Hat dich mit meuterndem und rohem arm
Der alp ertränkt in zaubrischen Minturnen?

Ich wünschte dass in der gesundheit blüte
Dein busen stets von hochgedanken glühte ·
In rhythmen rieselte dein christlich blut

Wie klänge der antiken silbenflut
Wo mit Apoll von dem das lied wir lernten
Der große Pan regiert · der herr der ernten.

VIII

DIE FEILE MUSE

O meine muse · reicher hallen frau ·
Entlässt der jänner seine ungeheuer
In trüber schneenacht: hast du dann ein feuer
Für deinen kleinen fuß vor kälte blau?

Du kannst nicht deine marmorschultern laben
Am nächtigen schein der durch die läden bricht
Und · leer die börse leer den gaumen · nicht
Nach gold in deinen azur-grotten graben.

Du musst um brot zu finden ohne lass
Als chorkind spielend mit dem weihrauchfass
Te-deum singen gegen deinen willen

Und gar zur schau dich stellen hungermatt ·
Mit scherzen an verdeckter tränen statt
Der niedren menge lachgelüste stillen.

IX

DER BÖSE MÖNCH

Die alten klöster stellten an den mauern
Die heilige wahrheit in gemälden aus.
Die brüder füllte sie mit tiefen schauern
Und wärmte so das kalte strenge haus.

Es war die zeit wo Christi saaten sprossten ·
Manch edler mönch von dem man heut nichts weiß

16

Nahm auf dem leichenfelde seinen posten
Und feierte den tod mit schlichtem fleiß ..

In meiner zelle schleppe ich mein leben
Seit ewiger zeit – ein schlechter büßervater –
Mit nichts verschönte ich die kahlen wände.

O träger mönch! wann schaffe ich ergeben
Aus meines elends lebendem theater
Der augen weide und das werk der hände?

X

DER FEIND

Die ganze kindheit war mir ein gewitter
Nur hie und da von lichtem strahl durchstreift.
Der sturm der regen schadeten so bitter
Dass wenig frucht in meinem garten reift.

Nun ist der herbst der jahre angekommen ·
Ich muss zur schaufel greifen und zum karst ·
Die erde wieder sammeln die verschwommen
Wo mancher riss von grabestiefe barst.

Doch ob ihr neuen blumen die ich träume
In diese ausgespülten flächenräume
Die nahrung findet deren ihr bedürft?

O schmerz o schmerz! die zeit am leben zehret
Der düstre feind der uns am herzen schlürft
Und sich mit unsrem blute stärkt und mehret.

XI

UNSTERN

Um solche lasten zu heben
Braucht es des Sisyphus mut ·
Und wär unser wille auch gut:
Lang ist die kunst · kurz das leben.

Fern von ruhmreichen malen
Nach einsamem totenwall
Zieht meine seele in qualen
Zu trauernder trommel schall ..

Mancher edelstein ruht
Verscharrt in der finsternis hut
Und weit von stichel und brille ·

Manche blume spart
Ihren duft wie geheimnis so zart
Vergebens in einsamer stille.

XII

VORLEBEN

Ich wohnte lang in weiten säulengängen
Die in der meeressonnen feuerbad
Des abends sich erheben stolz und grad
Und wie basaltne grotten überhängen ·

Der wellen die des himmels bilder wiegeln
Musik in mystisch feierlicher art

Sich mächtig tönend mit den farben paart
Wie sie beim sonnenuntergange spiegeln:

Dort lebte ich in stiller wollust landen
Inmitten woge glanz und blauer luft
Und nackter sklaven ganz getränkt in duft

Die neben mir mit palmenwedeln standen
Nur einer sorge voll: würd ihnen kund
Mein schwer geheimnis · meines leides grund!

XIII

ZIGEUNER AUF DER REISE

Das volk der zaubrer deren augen blitzen
Zieht weiter – auf der mütter rücken sitzen
Die kleinen oder stillen ihr gelüste
Am immer offnen schatz der langen brüste.

Zu fuß die männer die in waffen starren ·
Die Ihren kauern neben in den karren.
Am himmel suchen sie mit trübem blicke
Die fernen bilder glücklicher geschicke.

Aus sandigem versteck die grille schaut
Und singt vor ihnen noch einmal so laut ·
Die mutter Erde liebt sie – blumen dehnen

Sich in den wüsten · laub und gräser sprossen
Und felsen fließen vor den wandrern denen
Der zukunft finsternisse sich erschlossen.

XIV

DER MENSCH UND DAS MEER

Freier mensch! das meer ist dir teuer allzeit ·
Es ist dein spiegel · das meer · du kannst dich beschauen
In seiner wellen unendlichem rollendem grauen ·
In deinem geist ist ein abgrund nicht minder weit.

Gerne versenkest du dich tief in dein bild ·
Ziehst es an dich mit auge und hand – deine sinne
Halten manchmal im eigenen tosen inne
Bei dem geräusch dieser klage unzähmbar und wild.

Beide lebt ihr in finstrer und heimlicher flucht.
Mensch noch sind unerforscht deine innersten gründe!
Meer noch sind unentdeckt deine kostbarsten schlünde!
Euer geheimnis bewahrt ihr mit eifersucht.
Und seit unzähligen jahren rollet ihr weiter
Ohne mitleid ohne reuegefühl ·
So sehr liebet ihr blut und totengewühl
Unversöhnliche brüder! ewige streiter!

XV

DON JUAN IN DER HÖLLE

Als don Juan den Styx befahren sollte
Und Charon seinen obolus bekam:
Ein düstrer bettler dessen auge rollte
Mit starkem rächer-arm die ruder nahm.

20

Die frauen stöhnten unterm schwarzen himmel
Die brüste schlaff die kleider aufgelöst ·
So wie von opfertieren ein gewimmel
Das ein gedehntes brüllen von sich stößt.

Mit lachen redet Sganarell vom lohne
Indes don Luis den finger zitternd hielt ·
Er wies vor allen toten nach dem sohne
Der frech mit einem greisen haupt gespielt.

Es schien die keusche magere Elvire
Den falschen gatten der ihr buhle war
Zu bitten dass ihn noch ein lächeln ziere
So süß wie in der ersten schwüre jahr.

Ein mann aus stein in voller rüstung lenkte
Das steuer und durchschnitt die schwarze flut
Der stille held jedoch aufs schwert sich senkte ·
Er hat dies alles nicht zu sehn geruht.

XVI

AN THEODOR VON BANVILLE

Du hast die muse so beim haar erpackt und solche
Gewalt geübt dass du für uns erschienen
Mit deinen schönen herrn- und leichtsinnsmienen
Ein junger bravo der sein lieb erdolche.

Mit augen klar von früher glut vergeistet
Tat sich dein schöpferischer stolz genüge
In bauten deren sicher kühn gefüge
Uns ahnen lässt was einst die reife leistet.

Dichter! uns flieht das blut aus allen poren ..
War nicht das kleid das der zentaur beschworen
Und das des trägers qual und tod verbürgte

Doch wohl dreimal durchs feine gift gegangen
Der rachevollen ungeheuren schlangen
Die in der wiege Herkules erwürgte?

XVII

ZÜCHTIGUNG DES HOCHMUTS

Zu jenen zeiten wo noch die gottesgelahrten
In wunderbarem gedeihn ihre größe bewahrten
Erzählt man – war einst ein Weiser vom höchsten rang
Der auch die herzen der lässigsten bezwang
Und sie erregte bis in ihre schwärzesten grüfte ..
Doch als er in die strahlen der himmlischen lüfte
Auf selber ihm fremden wegen gekommen war
Wohin sich nur schwinget der reinen geister schar:
Da sollte er wie ein mann der zu hoch sich verstiegen
Vom schwindel ergriffen satanischem hochmut erliegen:
>Du kleiner Jesus · wie weit habe ich dich gebracht!
Doch hätt ich am punkte dich anzugreifen gedacht
Wo auch du fehltest: so kehrte dein ruhm sich in schande ·
Du gältest als spöttische missgeburt nur im lande.<
Mit einemmal umnachtete sich sein verstand:
Ein schwarzer flor um die herrliche leuchte sich wand ·
Der wirrwarr begann in diesem kopfe zu rollen.
Im lebenden tempel dem stattlichen ordnungsvollen
Dess dächer umwölbte solche leuchtende pracht
Da sezte sich das schweigen fest und die nacht ·
So ist ein gewölbe zu dem man den schlüssel verloren.
Von nun an war er wie das vieh vor den toren ·

Und wenn er nichts hörend und sehend die fluren durchging ·
Nicht merkte ob sommer ihn oder winter umfing
Unbrauchbar und hässlich wie eine vernuzte sache
So ward er den kindern zur freude und zum gelache.

XVIII

DIE SCHÖNHEIT

Ihr menschen · ich bin schön · ein traum von stein!
Mein busen der zu blutigen küssen treibt:
Dem dichter flößt er eine liebe ein
Die stumm ist wie der stoff und ewig bleibt.

Ich bin die sphinx die keiner noch erfasst ·
Die herz von schnee und schwanenkleid vereint ·
Die jedes rücken an den linien hasst
Ich habe nie gelacht und nie geweint.

Die dichter all vor meinem großen wesen
 – An stolzen bauten scheint es abgelesen
Zerquälen ständig sich in strengen schulen.

Für sie besitz ich · die gefügen buhlen ·
Wo alles schöner spiegelt · eine quelle:
Mein aug · mein weites aug von ewiger helle.

XIX

DAS URBILD

Nicht ist es schönheit von gemalten gruppen
– Beschädigtes ergebnis schlechter zeit –
Geschnürter fuß und finger wie von puppen
Was meinem sinn befriedigung verleiht.

Lass dem Gavarni seine farbelosen
Und lispelnden gestalten vom spital!
Nicht eine unter diesen bleichen rosen
Ist ähnlich meinem roten ideal.

Zu meinem abgrunds-tiefen herzen sprechen
Nur Lady Macbeth mächtig im verbrechen
– Ein Æschyl-schatten der im frost entstund –

Und große Nacht · des Michelangel zeugung ·
Die friedlich dehnt in sonderbarer beugung
Die reize passend für Titanen-mund.

XX

DIE RIESIN

Ich hätte damals als der kräftevollen
Natur noch kinder wurden wild und groß
Bei einer jungen riesin leben wollen
Wie eine katze auf der fürstin schooß ·

Und sehen wollen wie ihr Körper blühte
Und wüchse · frei bei fürchterlichem spiel ·

Wie ihr im herzen dunkle flamme glühte
Am feuchten dunst der ihrem aug entfiel ·

Und über ihre prächtigen glieder eilen ·
Auf ihrer riesenkniee rücken weilen
Und manchmal wenn in giftigem sonnenschein

Sie müd sich niederlässt im weiten raume
Im schatten ihrer brust gebettet sein
So wie ein friedlich dorf am hügelsaume.

XXI

DIE MASKE

(BILDSÄULE IM GESCHMACK
DER RENAISSANCE)

Dem Bildhauer Ernst Christophe

Sieh diesen schatz mit florentiner reizen:
Die wiegung und des körpers muskelkraft
Wo nicht die beiden himmelsschwestern geizen:
Feinheit und stärke! welche meisterschaft!
So göttlich fest so zierlich zum berücken
Das weib gemacht für samt und edelstein
Um päpste oder prinzen zu beglücken.

Sieh dieses lächeln wollustvoll und fein
Wo sich verzückt die selbstverehrung weidet!
Der lange blick begehrlich hart und klug ·
Das zärtliche gesicht mit gaz umkleidet
Sagt uns mit siegerstolz in jedem zug:

25

›Mich ruft die Wollust und mich krönt die Liebe‹
Sieh wie dem weib zur fürstin ausersehn
Auch noch verführerischer liebreiz bliebe
Komm lass uns um die große schönheit drehn!

O lästerung der kunst! verwünschte blende!
Ist nicht der götterleib der glück verheißt
Ein doppelköpfig ungetüm am ende?

Nein – es ist maske nur und zier die gleißt:
Erlesnes mienenspiel in seltnem lichte.
Sieh her! hier ist in wildem krampf gereckt
Der echte kopf mit wahrem angesichte
Vom lügenhaften angesicht verdeckt!
Du arme große schönheit! deiner zähren
Erhabner strom ins schwere herz mir dringt ·
Dein lug berauscht mich und ich will mich nähren
Am leidensquell der deinem aug entspringt.

Doch warum weint sie? so vollkommne schöne
Dass jeder mensch zu ihren füßen bebt
Was macht dass ihre riesenbrust erstöhne?

Sie weint · sinnloser! denn sie hat gelebt
Und sie lebt noch! doch ihre größten sorgen
Empfängt sie und die kniee zittern ihr
Weil morgen sie noch leben muss! ach morgen
Und übermorgen · immer! – so wie wir.

XXII

LOBLIED AUF DIE SCHÖNHEIT

Entsteigst du dem himmel oder den nächtlichen schlünden ·
O schönheit? dein blick zugleich höllisch und göttlich rein
Gießt durcheinander die wohltaten aus und die sünden
Und deshalb magst du dem weine verglichen sein!

Du hast deinen blick vom morgen- und abendstrahle ·
Du schüttelst düfte wie eine gewitternacht ·
Dein kuss ist ein filter und dein mund eine schale
Die helden zu feiglingen · kinder zu tapferen macht.

Enttauchst du dem abgrund oder entschwebst du den himmeln?
Der dämon folgt gefüg deiner zauberkraft
Du lässest nach laune freude und unheil wimmeln
Du lenkest alles und nie gibst du rechenschaft.

Du trittst über tote · o schönheit · und höhnst unsre leiden ·
Die schrecknis ist dir ein schmuck der dich reizvoll umschmiegt ·
Der mord ist das liebste dir unter allen geschmeiden
Das schmeichelnd an deinem stolzen leibe sich wiegt.

Der falter flattert geblendet hinauf zu dir – kerze!
Er knistert und spricht verbrennend: ich segne dich licht!
Es beugt sich · ein sterbender der sein grabmal herze ·
Der liebende zuckend auf seiner geliebten gesicht.

Komm du nur aus himmel aus hölle · gleichviel welchen orten!
O schönheit bald maaßlos erschrecklich und bald wie ein kind!
Erschließt nur dein lächeln dein blick und dein fuß mir die
    pforten
Des alls das ich liebe die stets mir verschlossen sind!

Ob gott oder satan ob engel oder sirene:
Mach nur · samtäugige zauberin · dass nicht zu sehr
– O klang duft und licht! o herrin die ich ersehne! –
Die erde mir hässlich ist und der augenblick schwer!

XXIII

FREMDLÄNDISCHER DUFT

Wenn sich mein auge schließt am sommerabend
Und deines heißen busens duft mich lezt
Dann bin ich in ein selig reich versezt.
An immer gleicher sonnenglut sich labend

Ein träges eiland das Natur beglückt
Mit seltnen bäumen früchten süßer säfte
Mit männern schlanken leibes voller kräfte
Und frauen deren auge freimut schmückt.

An wunderbarem strand bin ich zu gast ·
Im weiten hafen drängt sich mast an mast
Noch von der reise müh ein wenig düster ·

Indes vom grünen tamarindengang
Entschwebt ein duft und dringt mir in die nüster
Vermischt im geiste mit der schiffer sang.

XXIV

DAS HAAR

O vließ dess krause wellen bis zur schulter schäumen!
O locken voll von unbewusstem wohlgeruch!
Verzückung! um zu wecken heut in düstren räumen
Erinnerungen die in diesem haare träumen
Will ich im wind es schwenken wie ein taschentuch.

Die schmachtend müde Asia und Afrika voll gluten
Ein ganzes weltall · fern fast wie aus einer gruft ·
Kann ich · aroma-wald! in deinem grund vermuten.
Wie andre geister auf musik und stimmen fluten:
Der meine · o mein liebling · schwebt auf deinem duft.

Dort flieg ich hin wo baum wie mensch mit reicherm samen
Im heißen himmelsstrich sich dehnt zu langer rast.
Ihr flechten seid die wogen die mich mit sich nahmen.
Du fassest · meer von ebenholz · in lichtem rahmen
Den traum von segel ruder flammenschein und mast:

Den laut bewegten hafen wo mein herz ich weide
In tiefem zug an farbe an parfüm und ton ·
Wo schiffe gleiten über gold und in der seide
Die weiten arme auf · umarmend das geschmeide
Des reinen firmamentes · ewiger wärme thron.

Ich tauche meine stirn im höchsten rausche trunken
In diesen ozean der andre in sich reiht
Bis mein verfeinter geist im wellenspiel versunken
Euch wiederfinden wird – o trägheit · lebensfunken!
Endlose wiegungen gesalbter müßigkeit.

Ihr blauen haare · zelt von ausgespannten schatten ·
Ihr malt den azur-himmel rund und schrankenleer.
Auf der gewundnen strähnen daunenweichen matten
Berausch ich mich an wohlgerüchen die sich gatten:
Am öl des kokosbaums am bisam und am teer.

Lang · immerwährend · wird in deiner schweren masche
Mein finger perle sän rubin und grünen stein
Dass nie mein wunsch vergeblich nach dir hasche!
Bist du nicht die oase wo ich träume und die flasche
Aus der ich gierig schlürfe der erinnrung wein?

XXV

Wie ich im dom der nacht gebete summe:
Gefäß der traurigkeit und große stumme!
So flehe ich zu dir · ob du auch fliehst
Und · meiner nächte schmuck · vorüberziehst
Um höhnisch noch den abstand auszuweiten ·
Den weg zu blauen unermesslichkeiten.

Ich rücke vor berenne und bestürme.
So stürzt auf einen leichnam das gewürme ..
Und gar · o grausam unversöhnlich tier!
In deiner kälte bist du teuer mir.

XXVI

Du zögst das weltall nach an deinem seile
Unreines weib! tyrann aus langerweile
Den zahn zu üben für den schlimmen schwank
Ziehst täglich du ein herz zur folterbank

Mit deinen augen hell wie krämer-läden
Und gleißend wie am volksfest feuerräder
Übst du mit dreistigkeit erborgte macht.
Auf ihrer schönheit bau hast du nicht acht ·
Du werkzeug stumm und taub · voll grausamkeiten ·
Schröpfkopf das blut der welt in dich zu leiten
Schämst du dich nie und hast du nie gesehn
Vor allen spiegeln deinen reiz vergehn?
Hat nicht des übels wucht damit du prahlest
Vermocht dass du mit schanden weg dich stahlest?
Wenn die natur reich an verborgnen gründen
Dich braucht · o weib · o königin der sünden
Dich · niedres tier · zu kneten einen gott
O schlammige größe! o erlauchter spott.

XXVIII

In ihren kleidern die mit schillern flattern
Erscheint es dass sie tanzt auch wenn sie geht ·
Wie eines heilgen gauklers lange nattern
Die er auf einem stab im takte dreht.

Wie toter sand und wolkenrand der wüsten
Zu denen fruchtlos menschlich leiden schreit ·
Wie wellennetze an den meeresküsten
Entfaltet sie sich ohne achtsamkeit.

Ihr glänzend aug ist herrlich mineral.
In diesem wesen · sinnbild seltner art ·
Wo reiner cherub mit der sphinx sich paart

Wo alles gold ist diamant und stahl
Liegt wie der eitle glanz der sternenscharen
Die kalte hoheit einer unfruchtbaren.

XXXI

DE PROFUNDIS CLAMAVI

Zu dir · du einzig teure · dringt mein schrei
Aus tiefster schlucht darin mein herz gefallen ·
Dort ist die gegend tot · die luft wie blei
Und in dem finstern fluch und schrecken wallen.

Sechs monde steht die sonne ohne warm.
In sechsen lagert dunkel auf der erde.
Sogar nicht das polarland ist so arm ·
Nicht einmal bach und baum noch feld noch herde.

Erreicht doch keine schreckgeburt des hirnes
Das kalte grausen dieses eis-gestirnes
Und dieser nacht · ein chaos riesengroß!

Ich neide des gemeinsten tieres loos
Das tauchen kann in stumpfen schlafes schwindel ..
So langsam rollt sich ab der zeiten spindel!

XXXII

DER VAMPIR

Du die wie ein messerstoss
Ins klagende herz mir zückte
Wie schwärme von teufeln stark und groß
Kamest du Tolle Geschmückte

Und machtest zu haus und bette
Meinen erniedrigten sinn

Ruchlose! eins mit dir bin
Ich wie sträfling mit kette

Wie spieler mit ihrer sucht
Wie trinker mit ihrem glase
Wie das gewürm mit dem aase
Verflucht seist du! verflucht!

Ich flehte zu schwertes schnelle:
>Gib mir meine freiheit zurücke!<
Ich sprach zu des giftes tücke:
>Sei meiner schandtat geselle!<

Da hat das gift und das schwert
Verächtlich zu mir gesprochen:
>Aus deinen verwünschten jochen
Dich reißen bist du nicht wert.

Du tor wenn auch unsre streiche
Dich lösten aus dem verschluss
So weckte wieder dein kuss
Deines vampirn leiche.<

XXXIV

TOTENREUE

Du schöne Düstere! schläfst du einmal ein
Tief unterm mal aus schwarzem marmelstein
Und hast du dann nur noch statt haus und stube
Ein nasses loch und eine hohle grube

Und einen grabstein deinen busen drückend
Und deine hüften biegsam und entzückend

33

Und hört des herzens schlag und wille auf
Und deiner füße abenteurerlauf:

Das grab in meine träume eingeweiht
(Das grab versteht den dichter jederzeit)
Spricht durch der nächte schlummerlose stille:

Was hilft es dir dass · unvollkommene frille ·
Du von der toten tränen nichts gewusst?
Nun nagt der wurm der reue deine brust.

XXXV

DIE KATZE

Komm an mein liebreiches herz · schöne katze ·
Verbirg die klauen der tatze
Wenn mein auge naht
Dem deinen gemischt aus metall und achat!

Wenn meine finger mit muße schmeicheln
Dem biegsamen kopf und rücken
Und bebt meine hand im entzücken
Den funkenstiebenden körper zu streicheln ·

Dann seh ich im geist eine frau: ihr blick
Gleich deinem · freundliches tier ·
Trifft wie ein pfeil und ist tief und hell.

Es schwimmt vom fuß zum genick
Ein feiner gefährlicher odem dir
Rings um das braune fell.

XXXVI

DUELLUM

Ein krieger trifft den andren im turnei ·
Es sprizt das blut · der stahl der waffen schimmert ..
Dies spiel dies eisenrasseln ist der schrei
Der jugend die im bann der liebe wimmert.

Der stahl – wie unsre jugend – ist gebrochen
Mein lieb! doch zahn und nagel sind bewährt ·
Sie haben bald geschütz und dolch gerochen ..
Wut reifer herzen drin die liebe schwärt!

In einer schlucht wo luchs und panther stecken
Versanken unsre helden kampfes-toll
Und ihre haut beblümt die dürren hecken.

In diese höllenschlucht von freunden voll
Komm rolle mit mir · grausame megäre ·
Dass unsres hasses glut dort ewig währe!

XXXVII

DER BALKON

O mutter der erinnrung · frau der frauen ·
Mein ganzes glück und meine ganze acht!
Kannst du im geist die schönen freuden schauen ·
Des heimes frieden und den reiz der nacht?
O mutter der erinnrung · frau der frauen.

In nächten leuchtend von der kohle glut ·
In nächten am balkon die rosig wallten
Wie war dein busen süß · dein herz mir gut!
Und unvergängliche gespräche hallten
In nächten leuchtend von der kohle glut.

An heißen abenden wie schön die sonnen ·
Wie stark das herz · wie weit die himmelsluft!
Ich ruhte bei dir · königin der wonnen ·
Zu atmen glaubt ich deines blutes duft.
An heißen abenden wie schön die sonnen!

Dann ward es dunkler .. wie in dichtem rauch ·
Mein auge forschte ob es deines fände.
Ich trank – o gift o süße – deinen hauch ·
Dein fuß entschlief in meine bruderhände.
Dann ward es dunkler .. wie in dichtem rauch.

Ich weiß in glückes zeit mich zu versenken
Wo mein geschick in deinen knieen lag ..
Wer soll so zarter reize freuden schenken
Wenn es dein leib dein lindes herz nicht mag?
Ich weiß in glückes zeit mich zu versenken.

Ihr schwüre düfte küsse ohne zahl ·
Ersteht ihr auf aus unerspähten schlünden
Wie junge sonnen die zum wolkensaal
Sich heben nach dem bad in meeresgründen?
O schwüre düfte küsse ohne zahl!

XXXIX

EINE ERSCHEINUNG

1. DAS DUNKEL

In kellern unerforschter bitterkeit
Wohin mich widrige geschicke stießen ·
Wo niemals rosig schöne strahlen fließen ·
Nur in der nacht verdrießlichem geleit

Bin ich ein maler dem ein gott im scherz
Zu malen aufgetragen ach! im düstern ·
Ich bin ein koch nach grausen speisen lüstern ·
Ich siede und verzehre selbst mein herz.

Zuweilen schimmert dehnt sich und verdichtet
Ein schattenbild voll anmut und voll pracht
Und in des Ostens träumerischer tracht.

Nun hat sichs ganz und groß emporgerichtet:
Ich kenne meine schöne freundin schnell ·
Sie ist es: finster und doch strahlenhell.

2. DER DUFT

Mein leser · hast du einmal eingesogen
Mit wollust nach des feinen schwelgers brauch
Das weihrauchkorn in eines domes bogen
Und eines kissens matten amberhauch?

O tiefer reiz wenn das vergangne wieder
Zum leben auferwacht und uns berückt
Und wenn der freund um der geliebten glieder
Die zarte blume der erinnrung pflückt!

37

Aus ihren biegsamen und schweren haaren
(Die weihrauch-rost und ambra-kissen waren)
Entschwebte wilder trotziger geruch ·

Aus ihrer kleider samt- und seidentuch
Ganz überhaucht von reinem jugendschmelze
Befreite sich ein duft wie duft der pelze.

3. DER RAHMEN

Bei dem gemälde geben schöne rahmen
Auch wenn es aus berühmtem pinsel stammt
Ein eignes wunderbares dem gesamt ·
Da sie es erst dem weiten all entnahmen.

So fügten sich die möbel die drapierung
Der schmuck zu ihrer seltnen schönheit ganz ·
Kein ding verdunkelte den vollen glanz
Und alles diente ihr nur zur verzierung.

Sie schien zu glauben dass die ganze erde
Sie lieben müsse. Es erstickten fast
Mit ihren küssen linnen und damast

Den körper nackt und schön und stets erregt ·
Er zeigte hastig oder sanft bewegt
Der jungen katze kindliche gebärde.

4. DAS BILD

Siechtum und tod verwandelten in schlacken
Die feuerglut die einstens in uns gor.
Der zarte heiße blick der schöne nacken
Und dieser mund wo sich mein herz verlor ·

Die küsse stark wie eine zauberpflanze
Und unsre schöne liebesraserei ·
O schrecken! was verblieb von ihrem glanze?
Nichts als ein matter schattenriss in blei

Der so wie ich verstaubt und alt geworden
Und den die zeit · ein geist voll scheeler gunst ·
Tagtäglich fegt mit rauhem flügelpaar …

Du düstrer feind des lebens und der kunst ·
Du sollst mir niemals im gedächtnis morden
Sie die mein glück und meine wonne war.

XL

Die verse widm ich dir wenn meinen namen
Der zufall in die spätern zeiten bringt
Und menschen abends dann zu sinnen zwingt
Wie segel die vom sturm getrieben kamen:

Dass dein gedächtnis dann – verwehte klänge! –
Den leser quäle wie ein trommellied
Und durch ein brüderlich und mystisch glied
An meinen stolzen reimen dauernd hänge.

Verwünschte! die vom himmel bis zur schlucht
Allein in mir noch ihresgleichen sucht ·
O schatten dessen spuren rasch verschleißen ·

Du trittst mit leichtem fuß und heitrem herz
Die stumpfen menschen die dich bitter heißen ·
Du dunkler engel mit der stirn aus erz.

XLI

SEMPER EADEM

Wie kommt dir – sagtest du – dies trübe wesen?
Es gleicht auf nacktem fels dem wogenschwall.
Hat einmal unser herz die frucht gelesen
Ist leben eine qual! wir wissens all ·

Ein schmerz · ganz einfach · nichts geheimnisvolles ·
Der wie dein glück sich jedem öffnen will.
Hör auf zu forschen · kind von neugier tolles ·
Und ist auch deine stimme sanft – sei still!

Still thörin! seele stets in frohem beben
Und mund im kindeslächeln · mehr als leben
Hält tod mit feinen schlingen uns umfasst.

Lass lass an einer lüge mich betrinken ·
In deiner schönen augen traum versinken ·
Gib mir im schatten deiner wimpern rast!

XLII

GANZ UND GAR

Der Böse kam diesen morgen
In mein hohes verließ
Mich auf einer sünde zu treffen
Und fragte: >weißt du wohl dies:

Von allen den schönen dingen
Aus denen ihr zauber weht ·

Den rosa und schwarzen zierden
Aus denen ihr reiz besteht ·

Was ist das schönste?‹ O seele!
Du gabst dem verwünschten zurück:
›Wo alles zum wunder geworden
Gebührt da ein vorzug dem stück?

Wo alles mich hinreißt vergess ich
Dass eines besonders mir lacht.
Sie strahlt wie die morgenröte ·
Sie spendet trost wie die nacht.

So zart und fein ist der einklang
Der in ihrem körper regiert
Dass ohnmächtig die zersetzung
Die einzelnen takte verliert.

Verwandlung und wunder! die sinne
Zu einem sinn entflohn!
Verbreitet den duft ihre stimme:
Verbreitet ihr atem den ton.‹

XLIII

Was erzählst du heut · allein geblieben
Armes herz – herz ehmals wie verblüht –
Der so schönen guten und so lieben
Deren gottesblick dich neu durchglüht?

Wir sind stolz darauf ihr lob zu singen ·
Ihr zu dienen heißt uns süße pflicht ·
Ihr vergeistigt fleisch hat engelschwingen
Und ihr aug umkleidet uns mit licht.

41

Sei es in der nacht und in der enge ·
Sei es in der straße in der menge ·
Sei verfolgt als leuchte meine spur

Flüsternd: ich bin schön wie eine sonne
Liebe mir zu lieb das schöne nur!
Ich bin muse schutzgeist und madonne.

XLIV

DIE LEBENDIGE FACKEL

Sie stehn vor mir · die augen voll im glühen ·
Ein weiser engel schuf sie zum magnet.
Es gießt auf mich sein diamantensprühen
Ein göttlich brüderpaar das vor mir geht.

Sie schützen mich vor schwerem fall und strafe ·
Sie leiten stets mich auf des schönen spur ·
Sie sind mir diener und ich bin ihr sklave ·
Ich folge der lebendigen fackel nur.

Ihr holden augen habt den geisterglanz
Der kerzen hell am morgen · nicht verwehen
Nur fahlen kann im tag ihr schattentanz.

Sie feiern tod · ihr feiert auferstehen ·
Ihr singt vom auferstehen meiner seele ·
Ihr sterne deren licht kein tag verhehle!

XLV

ANHEIMFALL

Engel voll von frohsinn · kennst du das zittern
Schmach und seufzer und gram und gewissensbiss:
Schweifende schrecken der grässlichen finsternis
Die die seele zusammenpressen zerknittern?
Engel voll von frohsinn · kennst du das zittern?

Engel voll von güte, kennst du das hassen:
Fäuste geballt in dem schatten und tränen von gift
Wann uns der rache höllischer aufruf trifft
Und unsre sinne von ihr sich befehligen lassen?
Engel voll von güte · kennst du das hassen?

Engel voll lebenskraft · kennst du die fieberschauer
Die wie verjagte mit schleppendem schritte gehn ·
Spärliche sonne suchend die lippen verdrehn
An des fahlen siechhauses großer mauer?
Engel voll lebenskraft · kennst du die fieberschauer?

Engel voll von schönheit · kennst du die falten?
Furcht vor dem alter und jenem grausen geschick:
Heimliche scheu vor der treue zu lesen im blick
Draus wir seit jahren ersehnte genüsse erhalten?
Engel voll von schönheit · kennst du die falten?

Engel voll glück und voll lust und voll sonnenschein ·
Zauber-reize von deinem leib sich ergießen
Wie sie dem alternden David gesundheit verhießen.
Mir aber Engel! wolle nur fürbitter sein ·
Engel voll glück und voll lust und voll sonnenschein!

XLVII

GEISTIGE MORGENRÖTE

Wenn zu den sündern mit dem morgenrote
Das ideal sich nagend zugang brach
Dann wird nach göttlich rächendem gebote
Im satten tier ein engel wieder wach.

Der geisteshimmel unzugänglich blau
Lockt den Erdrückten der noch sinnt und leidet
Wie eine schlucht die durch das dunkel schneidet.
O teure Göttin · lichte reine frau ·

So flattert über toller feste trümmern
Dein bild so schön so rosig und so klar
Vor meinen weiten augen immerdar.

Die sonne ließ der kerzen licht verkümmern
So ist dein geist · an steten siegen reich ·
Du strahlende! der ewigen sonne gleich.

XLVIII

ABENDEINKLANG

Die stunde erscheint wo auf ihren stengeln sich biegen
Die blumen · die schalen auf denen ein weihrauch verpufft.
Im abendwinde drehen sich klang und duft:
Schwermütiger walzer und schmerzliches sichwiegen!

Die blumen sind schalen auf denen ein weihrauch verpufft.
Die geige erbebt wie ein herz das die leiden besiegen

44

Schwermütiger walzer und schmerzliches sichwiegen!
Der himmel ist traurig und schön wie eine gruft.

Die geige erbebt wie ein herz das die leiden besiegen ·
Ein zartes herz das erschrickt vor der gähnenden kluft ·
Der himmel ist traurig und schön wie eine gruft ·
Die sonne ist in ihr blutiges bad gestiegen.

Ein zartes herz das erschrickt vor der gähnenden kluft
Es will in die leuchtende zeit der vergangenheit fliegen.
Die sonne ist in ihr blutiges bad gestiegen
Dein andenken blinkt wie ein feuer durch finstere luft.

LI

TRÜBER HIMMEL

Dein auge erscheint wie umschleiert von dunstigem tau
Geheimnisvoll (ist es blau oder grün oder grau?)
Das wechselnd grausam · träumerisch oder verliebt
Die gleichmut und blässe des himmels wiedergibt.

Du bist wie die tage weiß und lau und verhüllt
Wo sich das bezauberte herz mit tränen erfüllt
Wenn von dem wehe das unbekannt in ihnen kreist
Zu wache nerven verspotten den schläfrigen geist.

Zuweilen bist du den schönen wolken verwandt
Wenn sie die sonne der nebligen zeiten entbrannt ..
Wie wirfst du dann deinen schimmer – gefeuchtete welt
Von eines getrübten himmels strahlen erhellt!

O werd ich – gefährliche frau und verführende luft –
So lieben euren schnee und nebligen duft

Und nehme ich aus dem himmel trostlos und kahl
Vergnügen die stechender sind als eis oder stahl?

LIII

DAS SCHÖNE SCHIFF

Ich will dir erzählen · mein süßes entzücken ·
Von allen den reizen die deine jugend schmücken ·
Malen deine herrliche art
Wo kindliches wesen mit reife sich paart.

Kehrst du die luft mit deinem weiten gewande
So siehst du aus wie ein schönes schiff das vom lande
Leinwand-befrachtet fliegt ·
In einem sanften und trägen takte gewiegt.

Auf hals und blühender schulter als leichte bürde
Drehst du dein haupt mit feiner und seltsamer würde ·
Gebietend zugleich und gelind
Gehst du des weges · erhabenes kind.

Ich will dir erzählen · mein süßes entzücken ·
Von allen den reizen die deine jugend schmücken ·
Malen deine herrliche art
Wo kindliches wesen mit reife sich paart.

Aus wallenden falten des kleides erhebt sich gerade
Dein thronender busen wie eine herrliche lade
Mit blanken schilden geschmückt
Auf deren glätte der himmel blitze zückt.

Verlockende schilde bewaffnet mit rosenen spitzen ·
Geheime lade drin köstliche dinge sitzen ·

46

Spezereien und wein ·
Sie laden herzen und sinne zum rausche ein.

Kehrst du die luft mit deinem weiten gewande
So siehst du aus wie ein schönes schiff das vom lande
Leinwand-befrachtet fliegt,
In einem sanften und trägen takte gewiegt.

Deine edlen kniee jagen des kleides zierden ·
Quälen und stacheln empor die bösen begierden
Wie der hexen zween
Die schwarzen trank in tiefem gefäße drehn.

Deine arme die mit jungen giganten rängen
Und leuchtende boa-schlangen kräftig bezwängen ·
Mit ihnen wie mit erz
Drückst unentwindbar du deinen geliebten ans herz.

Auf hals und blühender schulter als leichte bürde
Drehst du dein haupt mit feiner und seltsamer würde ·
Gebietend zugleich und gelind
Gehst du des weges · erhabenes kind.

LIV

EINLADUNG ZUR REISE

Meine schwester mein kind!
Denk dir wie lind
Wär es dorthin zu entweichen!
Liebend nur sehn ·
Liebend vergehn
In ländern die dir gleichen!
Der sonnen feucht

Verhülltes geleucht
Die mir so rätselhaft scheinen
Wie selber du bist
Wie dein auge voll list
Das glitzert mitten im weinen.

Dort wo alles friedlich lacht
Lust und heiterkeit und pracht.

Die möbel geziert
Durch die jahre poliert
Ständen in deinem zimmer
Und blumen zart
Von seltenster art
In ambraduft und flimmer.
Die decken weit
Die spiegel breit
In Ostens prunkgemache
Sie redeten dir
Geheimnisvoll hier
Die süße heimatsprache.

Dort wo alles friedlich lacht
Lust und heiterkeit und pracht.

Sieh im kanal
Der schiffe zahl
Mit schweifenden gelüsten!
Sie kämen dir her
Aufs kleinste begehr
Von noch so entlegenen küsten.
Der sonne glut
Ersterbend ruht
Auf fluss und stadt und die ganze
Welt sich umspinnt

Mit gold und jazint
Entschlummernd in tief-warmem glanze.

Dort wo alles friedlich lacht
Lust und heiterkeit und pracht.

LVI

UNTERHALTUNG

Du bist ein herbsteshimmel rosig-glutend!
Doch traurigkeit die wogend zu mir schwamm
Lässt auf vergrämter lippe rückwärts flutend
Erinnerung an ihren bittren schlamm.

Auf meiner brust streift deine hand · dein wahn
O freundin sucht in trümmern nur · hier saßen
Die klaue und des weibes wilder zahn.
Such nicht mein herz – das längst die tiere fraßen!

Ich bin wie ein palast vom volk zersplittert:
Sie rauben morden schnüren sich die kehlen ..
O welch ein duft um deinen busen zittert!..

O schönheit · harte geißel du der seelen!
Mit deinen augen glanz · und glutgewohnten
Brenn diese fetzen die die tiere schonten.

LVII

HERBSTGESANG

1

Bald wird man uns ins kalte dunkel flößen ·
Fort! schöner sommer der so kurz nur währt!
Schon hör ich wie mit unheilvollen stößen
Das holz erdröhnend auf das pflaster fährt.

Der ganze winter dringt in mich: bedrängnis
Hass zorn und schauder und erzwungner fleiß.
Der sonne gleicht im nordischen gefängnis
Mein herz · ein roter block und starr wie eis.

Ich höre zitternd jeden ast der schüttelt
Ein grabgerüst gibt keinen dumpfern hall
Und an dem turme meines geistes rüttelt
Des unermüdlich harten widders prall.

Es scheint mir von dem hohlen lärm umgeben
Dass man in einen sarg die nägel haut ..
Für wen? gestern war sommer · herbst ist eben ·
Wie abschied klingt der rätselhafte laut.

2

Ich liebe deiner augen grünen schimmer ·
Du sanfte · doch nur bittres fühl ich heut ·
Nicht deine liebe nicht kamin und zimmer
Ersezt das sonnenlicht aufs meer verstreut.

Und dennoch · zarte seele · lieb und hüte
Auch den der undankbar mit bösem drang ·

50

Geliebte · schwester! sei die flüchtge güte
Von herbstesglanz und sonnenuntergang!

Ein kurzes werk … das grab ist gierig lauernd.
Ach ich will knieend dir zu füßen sein ·
Des weißen dürren sommers flucht bedauernd
Mich freun am gelben milden spätjahrschein.

LVIII

EINER MADONNE

(GELÖBNIS-TAFEL IN
SPANISCHEM GESCHMACK)

Madonna · meine gebieterin · dir will ich bauen
Verborgenen altar aus meiner nöten tiefe
Und in meines herzens finsterstem winkel graben
Weit von der weltlichen lust und dem spöttischen blick
Eine nische ganz mit azur und gold überzogen
Wo du dich · verwundertes standbild · erheben sollst.
Aus meiner geglätteten verse reinem metall
Verständnisvoll übersät mit kristallenen reimen
Will ich für dein haupt eine mächtige krone bereiten.
Aus meiner eifersucht · sterbliche madonna ·
Will ich einen mantel dir schneiden barbarischer art
Schwer und starr und ausgefüttert mit argwohn
Und der wie ein schützendes zelt deine reize umschließt
Mit perlen nicht sondern mit all meinen tränen bestickt.
Dein kleid soll mein verlangen werden das zittert
Und wogt · mein verlangen das steigt und sich senkt ·
Auf höhen sich schaukelt und in den tälern sich ausruht ·
Mit küssen den weißen und rosigen leib dir umhüllt.
Mit meiner verehrung bereit ich dir schöne schuhe

Aus atlas · gedemütigt durch deinen göttlichen fuß ·
Die ihn umschließend in einer weichen umschlingung
Wie eine getreue form dem eindruck sich schmiegen.
Wenn ich es nicht trotz meiner emsigen künste vermag
Als schemel dir einen silbernen mond zu schneiden
So setz ich die schlange die in den geweiden mir nagt
(Dies ungeheuer mit hass und geifer geschwollen)
Dir unter die füße damit du es trittst und verhöhnst ·
O siegreiche königin und an erlösungen große!
Dann siehst du meine gedanken · geordnet wie kerzen
Vorm blumigen altar der jungfrauenkönigin
Mit widerscheinen die blaue decke bestirnend
Und immerfort dich mit feurigen augen betrachtend ·
Und weil dich alles in mir bewundert und liebt
Wird alles zu benzoë weihrauch oliban mirre
Und unaufhörlich · o weißer und schneeiger gipfel ·
Erhebt sich in dämpfen zu dir mein stürmischer geist.

Zum schluss · um ganz dich zu einer maria zu machen
Und um mit der liebe die grausamkeit zu vermischen
O schwarze lust! aus den sieben entsetzlichsten sünden
Verfertig ich reuvoller henkersknecht sieben schwerter ·
Wohlgeschliffene · und wie ein gefühlloser gaukler
Erwähl ich mir deiner liebe Tiefstes als scheibe:
Ich pflanze sie alle in dein zuckendes herz
In dein schluchzendes herz in dein rieselndes herz.

LX

SISINA

Denk dir Diana tapfer ausgerüstet
Die durch die wälder eilt durchs dickicht stiebt ·
Im winde haar und hals nach kämpfen lüstet ·
Den besten jägern stolz ein beispiel gibt!

Du sahst Theroigne die am blut sich lezt
Ein unbeschuhtes volk zum sturme rufen ·
Die wange flammend und das schwert gewezt
Im sprung empor auf königliche stufen?

So ist Sisina · doch der zarte krieger
Ist nicht allein ein mörderischer sieger
Ihr mut gehezt von rauch und trommelhieb

Wird vor dem fliehenden die waffen strecken ·
In ihrer brust · vom brand verwüstet · blieb
Für den der es verdient ein tränenbecken.

LXIII

EINER KREOLIN

Im land der düfte das die sonne segnet
War mir in einem garten glut-gebrannt
Wo von den palmen trägheit niederregnet
Mit fremden reizen eine frau bekannt.

Von farbe blass und warm – die zauberin
Hat vornehm-schöne weisen in der kehle ·

Sie schreitet · schlanke braune jägerin ·
Mit sichren augen und mit heitrer seele.

O kämet · Herrin! ihr zum ruhmesland
Am Seine- oder grünen Loire-strand
Ihr ziertet alte edelhäuser neu ·

Ihr ließet unterm schutz von schattenheimen
Im geist der dichter tausend lieder keimen ·
Sie mehr als eure Schwarzen euch getreu.

LXIV

MŒSTA ET ERRABUNDA

Sag mir: dein herz entflieht es nicht manchmal · Agathe ·
Wo ich vom meere der unreinen städte weit
Andere meere mit leuchtenden küsten errate
Die blau klar und tief sind wie die jungfräulichkeit?
Sag mir: dein herz entflieht es nicht manchmal · Agathe?

Spendet das meer · das umfassende meer · uns nicht trost?
Wie ist des meeres rauhem gesange entstiegen
Der zu der orgel der lärmenden winde tost
Jene erhabene kraft: in vergessen zu wiegen?
Spendet das meer · das umfassende meer · uns nicht trost?

Trage mich · segel · von dannen! entführe mich · wagen!
Weit · weit! der staub ist von unseren tränen hier nass.
Wirst du · Agathens betrübtes herz · manchmal sagen:
Weit von verbrechen · weit von reue und hass
Trage mich · segel · von dannen! entführe mich · wagen!

Wie bist du ferne · o garten von düften bewohnt!
Wo alles liebe und lust ist in klaren sonnen ·
Alles geliebte auch unsere liebe belohnt ·
Wo sich die herzen ertränken in heiligen wonnen ·
Wie bist du ferne · o garten von düften bewohnt!

Doch unsrer kindlichen liebe grünender garten
Sänge und küsse und blumen und spiele am rain
Geigen die zitternd hinter dem hügel warten
Krüge von wein wenn der abend sich neigt in dem hain
Doch unsrer kindlichen liebe grünender garten ·

Schuldloser garten erfüllt mit verstohlenem glück ·
Ob er schon weit in den indischen meeren verschwimme?
Ruft man ihn wieder mit klagenden lauten zurück ·
Lebt er noch einmal beim klang einer silbernen stimme?
Schuldloser garten erfüllt mit verstohlenem glück.

LXV

DAS GESPENST

Einen engel mit wilden blicken ·
Meinen schatten werd ich dir schicken
Er gleitet neben dich sacht
Mit den gestalten der nacht.

Ich gebe dir küsse · du feine ·
Kühl wie monden-scheine
Und wie eine schlange feucht
Die um eine grube kreucht.

Mit dem morgen dem blassen
Siehst du mein lager verlassen ·
Es bleibt bis zum abend kalt.

Wie andre durch zartes bestreben
Beherrsch ich dein junges leben
Durch des schreckens gewalt.

LXVI

HERBST-SONETT

Dein auge klar kristallen birgt die frage:
Weshalb · seltsamer freund · bin ich dir lieb?
Sei schön und schweig! in meinem gram ertrage
Ich nur des tieres unumhüllten trieb.

Die du in lange schlummer senkst · ich sage
Vom höllischen geheimnis nichts das blieb ·
Von unheilsworten die die flamme schrieb:
Gift ist mir leidenschaft und geist mir plage.

Liebe mich sanft! aus dunklem heiligtume
Spannt Amor listig des verderbens stahl ·
Ich kenne seiner marterkammern qual:

Schreck wahn und schmach .. o bleiche wiesenblume!
Bist du wie ich nicht auch ein herbstes-strahl ·
O meine weiße meine kalte Blume?

LXVII

TRAUER DER MONDGÖTTIN

Heut strahlt der abendgöttin licht geringer.
Wie eine schönheit auf der kissen wust
Die vor dem schlafe mit zerstreutem finger
Leis überspielt die linien ihrer brust

So ruht sie auf den flaumigen lawinen
Im sterben langen schwächen hingegeben ·
Das auge richtend auf die weißen mienen
Die blütengüssen gleich im azur schweben.

Wenn müd und schmachtend sie auf unsre sfäre
Verstohlen manchmal träufelt eine zähre
So naht ein dichter der den schlummer flieht.

Er fängt die zähre auf · die hand als schale ·
Dies stück von farbenspiegelndem opale
Verbirgt er dass die sonne nicht es sieht.

LXVIII

DIE KATZEN

Verliebte glühend und gelehrte brütend
Verehren wenn des alters reife naht
Die katzen sanft und stark · des hauses staat ·
Gleich ihnen fröstelnd und das zimmer hütend.

Des wissens freunde und der sinnesglut ·
Der stillen schauerlichen nacht genossen ·

Der Orkus nähme sie zu toten-rossen:
Bezwänge sich zum dienst ihr hoher mut.

Sie gleichen wenn sie sinnen edlen büsten:
Den großen sphinxen hingestreckt in wüsten
Die ewig schläfert eine traumes-hand.

Aus ihren hüften funken sich entfernen
Und goldne teilchen wie ein feiner sand
Ihr rätselvolles augenrund besternen.

LXIX

DIE EULEN

Unter schützenden schwarzen bäumen
Thronen die eulen geschart
Wie götter seltsamer art
Mit feurigen augen. Sie träumen.

So sitzen sie unbewegt
Bis zu den traurigen stunden
Wo schiefe strahlen verschwunden
Und dunkel sich über sie legt.

Ihr gehaben besagt
Dass der weise hier frei sich
Von lauf und lärm halten sollte.

Wer nach einem schatten jagt
Trägt die strafe stets bei sich
Dass er den platz wechseln wollte.

LXXI

DIE TONKUNST

Die töne erfassen mich oft wie ein meer ·
Zu meinem bleichen sterne
Ob im äther weit ob im nebel schwer
Steur ich ins ferne.

Die brust hervorgekehrt und die lunge
Wie ein segel gefüllt
Ersteig ich die wellenberge im sprunge
Die mir das dunkel verhüllt.

Alle regungen kommen mich an
Eines schiffs in gefahren:
Der gute wind wie der tolle orkan

Wiegt mich am unmessbaren
Abgrund – oft auch spiegel nur platt und breit
Meiner untröstlichkeit.

LXXII

BEGRÄBNIS

Kommt die nacht die düster dumpfe:
Guter christ und treuer wart
Hinter altem mauerstumpfe
Deines leibes ruhm verscharrt.

Dorten macht · wenn keusche sterne
Augen schlossen schlafbezwungen ·

Spinne ihre netze gerne
Ringelnatter ihre jungen.

Und das ganze jahr in chören
Die verfemten glieder hören
Jämmerliches wolfsgeheul

Hungertolle spukgestalten
Späße schlüpferiger alten
Und der bösewichter greul.

LXXIII

GEISTERHAFTE ZEICHNUNG

Der seltsame spuk hat zum einzigen kleidungsstücke
Verzerrt und lachhaft auf seine knochenperücke
Ein schrecklich band das an fasching erinnert gesezt.
Ein ross wird von ihm ohne sporen und peitsche gehezt ·
Ein gaul gleich einem gespenst aus den höllen-tiefen
Dem wie einem fallsuchtkranken die nüstern triefen.
Quer durch den weltraum führet die beiden ihr ritt.
Sie stampfen die endlosigkeit mit verwegenem tritt.
Der reiter schwingt in der luft einen säbel der schimmert ·
Die menge die namlose unter den hufen wimmert
Er eilt wie ein fürst der seine paläste besieht
Durchs unermessliche weite totengebiet.
Dort liegen in weißem und bleichem sonnenlichte
Die völker der alten und der neuen geschichte.

LXXIV

DER FROHE TOTE

In einer fetten erde voll von schnecken
Da richt ich eine tiefe grube her ·
Da will ich frei die alten glieder recken ·
Vergessen schlafen wie ein hai im meer.

Ich will nicht testament noch grab und stein ·
Ich will von menschen keine träne heischen.
Ich lade lieber mir die raben ein
Dass sie den ganzen morschen leib zerfleischen.

Ihr würmer! augen · ohrenlos gekreuch!
Ein freier froher toter kommt zu euch!
Ihr heitre Weise · aufgenährt im kot!

Durch meine reste dringet ohne sorgen
Und sagt: blieb eine qual mir noch verborgen
Mir ohne seele unter toten tot?

LXXV

DAS FASS DES HASSES

Der hass ist bleicher Danaïden fass ·
Die rache mag mit händen rauhen roten
Ins leere dunkel schütten ohne lass
Aus großen kübeln schweiß und blut der toten.

Geheim durchlöchert böse hand die schlünde ·
Sie gösse tausendjähriger fleiß nicht voll

Und wenn auch jedes opfer neu erstünde
Und neu verblutete vor seinem groll.

Der hass ist wie der trinker in der schänke:
Er fühlt wie durst entsteht aus dem getränke
Und gleich der Hydra sich verhundertfältigt.

Doch weiß der trinker wer ihn bald bewältigt
Und für den hass bestimmt die schwere strafe
Dass niemals unterm tische er entschlafe.

LXXVI

DIE GESPRUNGENE GLOCKE

Wie süß und herb ists in der winternacht
Zu lauschen wenn des feuers wolken ringeln ·
Wenn ferner zeit erinnrung leis erwacht
Bei den geläuten die im nebel klingeln.

Beglückt die glocke die mit starkem schlunde
Trotz ihres alters heiter und mit macht
Gebet ertönen lässt aus frommem munde
Wie alte krieger vor dem zelt auf wacht!

Ich – meine seele sprang .. und wenn betrübt
Zum trost sie nächtig sich in liedern übt
So hallt es oft wie dumpfes röcheln dessen

Den man verwundet auf dem feld vergessen ·
Der unter dichtem leichenschwarm verdirbt
Und regungslos in großen nöten stirbt.

LXXVII

TRÜBSINN

Der regen-mond scheint alle welt zu hassen ·
Aus seiner urne gießt er kalten graus
Auf eines nahen friedhofs bleiche saßen
Und sterben auf die nasse vorstadt aus.

Mein magres tier mit ruheloser posse
Am estrich hin nach einem lager sieht ·
Mit trüber stimme fröstelnd in der goße
Die seele eines toten dichters flieht.

Der brummbass klagt mit den verkohlten scheiten
Die fistelnd die verschnupfte uhr begleiten
Und im gemisch von schmutzigen parfümen

– Die überbleibsel einer krankenstube –
Pikdame und der schöne karobube
Sich toter liebestage düster rühmen.

LXXVIII

TRÜBSINN

Mir deucht ich hätte vor mir tausend jahr.

Kein schreibtisch überfüllt mit einer schar
Von versen liedern liebesbriefen akten
Und haaren schwer in rechnungen gepackten
Mehr heimlichkeiten als mein hirn bewacht.

Ein riesenbau ists wo in tiefem schacht
Mehr tote als im massengrabe rollen.

Ich bin ein kirchhof dem die sterne grollen
Wo – innre qualen – lange würmer ziehn ·
Sie raffen meine liebsten toten hin.
Ich bin ein alt gemach wo rosen schmachten
Mit einem wirrwarr von verjährten trachten.
An offnen fläschchens dufte laben sich
Ein kläglich bildnis ein verblasster stich ..
Nichts dehnt sich wie der lahmen tage stocken
Wenn unter schneeiger jahre schweren flocken
Der missmut der aus dumpfer müde rinnt
Die größe der unsterblichkeit gewinnt.

Nun bist du weiter nichts – o staub mit leben –
Als ein granit mit schreckenshauch umgeben
In tiefer wüsten nebeldunst versenkt.
Vergessner alter sphinx dess niemand denkt ·
Nirgends vermerkt und dessen wilde laune
Beim sonnenuntergang sein lied nur raune.

LXXIX

TRÜBSINN

Ich bin ein fürst in landen trüb und kalt
Reich aber machtlos · jung und doch schon alt ·
Der seiner lehrer bücklinge verachtet ·
Bei seinem hund und andren tieren schmachtet.
Nicht spiel nicht jagd das leben ihm verschönt
Und nicht sein volk das unterm fenster stöhnt.
Des lieblingsnarren possenhafte lieder
Erwecken seine heiterkeit nicht wieder.

Sein reichgesticktes bett wird ihm zum sarg.
Der damenkreis an lockungen nicht karg
Erhofft umsonst mit schamloser toilette
Ein lächeln von dem wandelnden skelette.
Und nicht gelangs dem arzt der gold doch schafft
Aus ihm zu bannen den verderbten saft ·
Kein bad im blut wie es die Römer lehren
Wie altersschwach despoten es begehren
Erneute kraft dem stumpfen leib gewinnt
Wo blutes statt der schlamm der Lethe rinnt.

LXXX

TRÜBSINN

Die wolken niedrig und flach wie ein deckel senken
Sich auf den geist der erseufzt unter leides macht ·
Den ganzen himmel verhüllen sie und beschenken
Mit schwarzem tage der trauriger ist wie die nacht.

Die erde verwandelt sich in einen feuchten kerker ·
Die hoffnung flattert wie eine fledermaus ·
Sie rennt mit dem kopfe wider den niedrigen erker
Und schlägt mit dem ängstlichen flügel das faulende haus.

Und während der regen mit seinem endlosen rinnen
Wie eines weiten gefängnisses gitter umfängt
Und lautlos uns eine schar von verrufenen spinnen
In unsres hirnes tiefen die netze hängt:

Beginnen die glocken zu läuten mit wütendem tosen ·
Sie schicken zum himmel hinan ihr heulendes wort
Und gleich den geistern · den irrenden heimatlosen ·
Fahren sie eigensinnig zu wimmern fort.

Ein leichenzug ohne trommel und klang unaufhaltsam
Und langsam in meiner seele vorübertanzt ..
Die hoffnung weint und die angst entsetzlich gewaltsam
Auf meinem geneigten schädel ihr banner pflanzt.

LXXXI

BESESSENHEIT

Ihr wälder macht wie große kirchen bange ·
Ihr heult wie orgeln · der verdammten herz
Wo altes röcheln bebt und ewiger schmerz
Antwortet eurem de-profundis-sange.

Ich hasse dich o meer das laut sich blähet:
Ich finde mich in dir! des lachers wut ·
Des unterjochten der mit schluchzen schmähet
Sein ungeheures lachen tönt die flut!

O nacht · wie schön ich ohne stern dich fände!
Bekannte sprache spricht der sterne strahl.
Ich suche nur was nackt ist schwarz und kahl.

Sogar die finsternisse sind mir wände
Die mir zu tausenden entgegenschicken
Entschwundene wesen mit vertrauten blicken.

LXXXIII

SCHWARZ-KUNST DES LEIDENS

DER lässt seine glut in dir lodern ·
Natur! und DER legt in dich qual.
Dem einen sagt es: vermodern!
Dem andern: leben und strahl!

Du fremder Hermes entfachst
Und schwächest stets meine geister ·
Der du zum Midas mich machst ·
Der schwarzkünste traurigstem meister!

Durch dich wird gold mir zu blech
Und himmel zu höllen-pech.
Du lässest in wolkendecken

Mir teuren leichnam sich recken
Und auf den himmlischen auen
Große grabmäler bauen.

LXXXIV

ANZIEHENDER SCHAUDER

Der himmel dort seltsam und bleich ·
Zerquält deinem schicksale gleich ·
Woran gemahnt er dich inne?
Sprich · sünder mit leerem sinne!

Unermüdlich beflissen
Des finstern und ungewissen

Wein ich nicht wie Ovid
Der aus römischem eden schied.

Himmel wie klippen zerfahren!
Zu euch schau ich stolz empor.
Ihr wolken im trauerflor

Seid meiner träume bahren ·
In eurem leuchten tagt
Die hölle die mir behagt.

LXXXVI

DAS GEBET EINES HEIDEN

Lass deine flammen nicht fehlen!
Kühl ist mein busen wie schnee.
Wollust · folter der seelen ·
Diva exaudi me!

Göttin im äther verloren ·
Feuer im fundament!
Horch auf das herz das erfroren
Eherne sänge dir nennt.

Wollust · ich bleibe dein sklave
Ob dein sirenengesicht
Aus fleisch und samt mich besticht

Oder ob tödliche schlafe
Mit formlosem wein du verleihst ·
Wollust · du schmiegsamer geist!

LXXXVII

DER DECKEL

Wohin er auch auf land und meer sich kehre
In flammenluft in blassem sonnenschein ·
Mag Jesu diener · höfling auf Cythere ·
Ein düstrer bettler oder fürst er sein ·

Ob wandernd · sesshaft · bürger oder bauer
Ob träg sein hirn sich regt · ob mit geschick:
Der mensch fühlt überall des rätsels schauer
Und sieht nach oben nur mit bangem blick.

Der himmel oben! kerkerwand erdrückend ·
Saal für ein possenspiel mit licht sich schmückend ·
Der komödiant auf blutigen boden pocht.

Des büßers hoffnung und des wüstlings fessel ..
Der himmel · deckel auf dem großen kessel
Darin die menschheit weit und winzig kocht.

XCI

DER MAHNER

Jeder mensch – ist er wert es zu sein –
Hat in sich eine gelbe natter
Lauernd wie hinterm gatter
Und sagt er: ja! sagt sie: nein!

Willst du deine augen verlieren
In nixen und fabeltieren
So spricht sie: denk deiner pflicht!

Zeugst du kinder · pflanzest stöcke ·
Glättest verse oder marmorblöcke
So spricht sie: lang lebst du nicht!

Was er beginne · verlange:
Der mensch lebt keinen nu ·
So geht ihm die warnung zu
Der unerträglichen schlange.

XCII

EINER MALABARESIN

Dein fuß so fein wie deine hand · der hüfte breite
Bestände mit der schönsten weißen frau im streite.
Dem denker-künstler ist dein körper lieb und traut
Und schwärzer ist dein samtnes aug als deine haut.
In blauem heißem lande hat dich Gott geborgen ·
Es ist dein amt des herren pfeife zu besorgen.
Du gibst den frischen duftigen krügen ihren ort ·
Du treibst vom bett die schwärmenden insekten fort.
Und singen in dem morgenwinde die platanen
So gehst du ananasse kaufen und bananen.
Dann wandelst du wohin du wünschest stundenlang
Und murmelst einen alten unbekannten sang.
Und bringt der abend mit dem scharlachmantel schatten
So legst du sachte deine glieder hin auf matten
Und deine träume fliegen kleinen vögeln gleich
Und sind wie du an anmut und an blumen reich ..
Warum du · glücklich kind · nach unseren gestaden

Dich sehnst die übervölkert sind und leidbeladen ·
Der schiffer starke arme dir zum schutz bestimmst ·
Von deinen lieben tamarinden abschied nimmst?
Du halb bekleidet nur mit leichten musselstoffen
Da drüben von dem schnee- und hagelsturm getroffen ·
Wie wirst du weinen um die tage frei und unbewusst!
Du musst mit rohen schnüren fesseln deine brust ·
Nach einem abendbrot in unsrem schmutze laufen
Und deiner reize seltsam fremden duft verkaufen.
Dann suchst du starren blicks im nebel schwarz und kalt
Der fernen kokosbäume schwankende gestalt.

XCIV

LOBLIED

Dir · du sehr Schöne sehr Milde ·
Die mich zur helle geweiht
Engel! unsterblichem bilde
Gruß in unsterblichkeit!

Sie breitet sich hin durch mein leben
Wie salzgetränkte luft.
Dem unersättlichen streben
Bringt sie des Ewigen duft

Kissen von ständiger frische
Das räume wohlriechend macht!
Vergessener weihrauch der zische
Heimlich inmitten der nacht!

Liebe unüberwindlich ·
Wie mach ich in wahrheit dich kund?

Ambrakorn unerfindlich
In meiner ewigkeit grund!

Dir · du sehr Schöne sehr Milde ·
Die lust und kraft mir verleiht
Engel! unsterblichem bilde
Gruß in unsterblichkeit!

XCV

DER EMPÖRER

Ein engel wütend fährt aus wolkenschichten ·
Er packt mit harter faust den bösewicht ·
Er schüttelt ihn: erkennst du deine pflichten?
Ich wills · hör zu! dein guter engel spricht.

Zu lieben hast du ohne mundverzerren
Wer arm und schlecht und blöd und lahm dir naht
Damit du breiten kannst vor Gott dem Herren
Den ehrenteppich deiner guten tat.

So ist die liebe. Eh dein herz verflache
An himmels herrlichkeit es neu entfache!
Das wird dir wollust wahr und ewig sein.

Der engel züchtigt wahrlich die verruchten
Wie er sie liebt · er foltert den verfluchten
Doch der gibt immer nur zur antwort: nein!

XCVI

BERTHAS AUGEN

Verachten dürft ihr der herrlichsten augen gefunkel ·
Schöne kindesaugen darinnen wacht
Ein etwas unsäglich gut und sanft wie die nacht ·
Ihr augen · gießt über mich euer reizendes dunkel!

Große kindesaugen · geliebte verstecke ·
Ihr ähnelt sehr den palästen in zaubrischer schlucht
Wo ich hinter tief-schlafender schatten wucht
Leis schimmernde niemand bekannte juwelen entdecke.

Mein kind hat augen düster und weit-umfangend
Wie du unendliche nacht und wie du auch erhellt.
Ihr glanz sind die liebes- und glaubensgedanken gesellt
Die in der tiefe sprühen keusch oder verlangend.

XCVII

DER SPRINGBRUNNEN

Arm liebchen! dein auge ist feucht
Und müd · halt es lang noch geschlossen!
In ruhe bleib hingegossen
Daraus das vergnügen dich scheucht!
Im hofe das wasserspiel während
Der nacht und des tages singt
Die süße verzückung nährend
Die heute die liebe mir bringt.

Die garbe die tausendfach
Blumen schießt
Wo Phoebe erfreut ihre
Farben ergießt
Wie regen von reichlichen
Tränen fließt.

So schwingt deine seele die wilde
Blitze der lust durchglühn
Hinauf sich eilig und kühn
In weite zaubergefilde.
Dann wie ersterbend verbreitet
Sie zehrende schmerzensflut
Die unsichtbar gleitet und gleitet
Bis tief sie im herzen mir ruht.

Die garbe die tausendfach
Blumen schießt
Wo Phoebe erfreut ihre
Farben ergießt
Wie regen von reichlichen
Tränen fließt.

Bei dir · der am abend so schönen ·
Hör ich an dich geneigt
Der ewigen klage stöhnen
Die aus dem springbrunnen steigt.
Mondnacht heilig und mild
Wasser und laubesschauern
In eurem keuschen trauern
Sieht meine seele ihr bild.

Die garbe die tausendfach
Blumen schießt
Wo Phoebe erfreut ihre
Farben ergießt

Wie regen von reichlichen
Tränen fließt.

XCIX

WEIT VON HIER

Dies ist das haus das geweihte
Wo die von zierden Umreihte
Stille und immer Bereite

Mit der hand ihren busen kühlt ·
Ellbogen im kissen wühlt
Und der wasser klagen fühlt:

Dies ist ihr zimmer verschwiegen …
Fern singt der wind und die see.
Seufzer im liede fliegen
Jene verwöhnte zu wiegen.

Gerieben vom scheitel zur zeh
An ihrem leibe sich schmiegen
Salböl und benzoë …
Und blumen bringt eine fee.

C

DER UNTERGANG DER ROMANTISCHEN SONNE

Wie schön ist doch die frisch erwachte sonne!
Mit flammenausbruch wünscht sie frohen tag.

Glückselig wer in liebe grüßen mag
Auch ihren untergang · ein traum an wonne!

Ich weiß noch … alles: blumen quelle tal
Vor ihr erstanden wie ein herz das hämmert ..
Zum horizont! auf! eilen wir! es dämmert ·
Lasst uns noch haschen einen schiefen strahl!

Jedoch umsonst – die Göttin niedergleitet ·
Unwiderstehlich sich die nacht verbreitet
Schwarz feucht verhängnisvoll und schreckenreich.

Es scheint als ob ein grabhauch auf ihr laste
Und ängstlich stößt mein fuß an dem moraste
Versteckte kröten schnecken kalt und weich.

CIII

KLAGEN EINES IKARUS

Die dirnen mit ihren buben
Sind aufgelegt glücklich und satt ..
Und ich – meine arme sind matt
Die sie in wolken sich gruben.

Die unvergleichlichen sterne
Die glänzend am himmelsgrund stehn
Lassen die augen nur ferne
Sonnen-erinnrungen sehn.

Ich wollte des ungeheuern
Mitte finden und schluss ·
Ich fühle wie unter feuern
Mein flügel zerfallen muss.

Und den liebe zum Schönen verbrennt
Es wird nicht einmal ihm die ehre
Dass die ihn begrabende leere
Mit seinem namen man nennt.

CIV

SAMMLUNG

Sei ruhig · o mein leid · und klage schwächer ·
Du riefst den abend nieder · sieh er kam!
Ein dunkler odem legt sich auf die dächer
Dem einen bringt er ruh dem andren gram.

Mag sich der sterblichen gemeiner haufen
Gepeitscht vom taumel · dem gestrengen herrn ·
Bei knechtischem gelag den ekel kaufen ..
Mein leid · gib mir die hand! von ihnen fern!

Ganz fern! ... sieh wie die toten jahre droben
Am himmel winken mit verblichnen roben.
Die reue lächelnd auf den wassern schwebt ·

Die sonne sterbend hinter bögen breitet.
Ein langes leintuch sich im osten hebt.
Horch teure! horch! die nacht die leise schreitet!

PARISER BILDER

CVIII

LANDSCHAFT

Ich will um keusch meine verse zu pflegen
Wie sterngucker nah an den himmel mich legen ·
Will hören neben dem glockenturm
Die feierklänge getragen vom sturm.
Hoch in der kammer das kinn auf dem arme
Seh ich die werkstatt mit lärmendem schwarme ·
Den rauchfang den turm und die wolken weit ·
Die mahnenden bilder der ewigkeit.

Süß ist es · bricht durch die nebel ein schimmer ·
Droben ein stern und die lampe im zimmer ·
Rauchende säule zum himmel schießt ·
Mond seinen bleichen zauber ergießt.
Frühling seh ich und sommer verschwinden
Und kommt der winter mit eis und winden
Schließ ich die türen und läden zugleich ·
Baue im dunkel mein feenreich.
Träumen werd ich von bläulichen dünsten
Gärten und weinenden wasserkünsten
Küssen und blumen bei nacht und bei licht
Unschuldig wie ein schäfergedicht.
Machtlos die scheiben bestürmendes toben
Lenkt mein geneigtes haupt nicht nach oben.
Tief versunken in schwärmerei
Ruf ich nach willen den frühling herbei ·

Zieh aus der brust eine sonne und spinne
Laue luft mit dem glühenden sinne.

CXI

DIE BELEIDIGTE LUNA

Zu der die väter fromm die hände huben
O Göttin der in ihrem lichten schloss
Die sterne folgen in geschmücktem tross ·
Du alte Cynthia · lampe unsrer gruben ·

Siehst du die paare froh auf rauhen decken
Wie ihrem mund ein frischer hauch entsteigt ·
Wie sich der dichter auf die arbeit neigt
Und wie im trocknen gras die vipern hecken?

In gelbem domino mit scheuen schritten
Gehst du wie ehmals bis zum morgengraun
Endymions verwelkte reize schaun?

Ich sehe deine mutter · kind der sitten ·
Die ihrer jahre last zum spiegel beugt ·
Mit kunst den busen tüncht der dich gesäugt.

CXIII

DER SCHWAN

An Victor Hugo

1

Andromache · deiner gedenk ich! das flüsschen bescheiden
Und ärmlich – es spiegelte ehdem in seinem schooß
Die mächtige trauer deiner witwenleiden:
Der trügende Simoïs durch deine tränen nun groß

Ist plötzlich in mein fruchtbar gedächtnis gedrungen
An jenem tag auf dem neuen Carrousel ..
Die Stadt wird mir fremd vor lauter veränderungen.
Ein menschenherz ach! verändert sich nicht so schnell.

Ich sehe nur noch im geiste die vielen baracken
Begonnene säulen und fässer am boden umher
Vom wasser der pfützen grün überzogene wacken
Und durch die fenster ein trödel kreuz und quer.

Dort war eine schaubude seltener tiere gewesen ·
Dort kam mir entgegen in kaltklarer morgenzeit
Wo wieder die arbeit erwacht und die rotte der besen
Zum stillen himmel verderbliche dünste speit:

Ein schwan – der fliehend seinen käfig verlassen ·
Mit flossigem fuße das trockene pflaster rieb ·
Das weiße gefieder zog auf den holprigen gassen
Und vor einem bach ohne wasser stehen blieb.

Er badete zitternd in dem staub seine schwingen
Und sprach im gedanken ans blaue heimatgefild:

81

Wann triffst du mich · blitz! wann wirst du mich · wolke · verschlingen!
Ich sah den elenden · unheilvoll seltsames bild ·

Zum himmel oft · wie der mann in Ovidi gedichten ·
Zum blauen himmel der lächelt mit grausamem spott
Auf zuckendem halse den kopf in die höhe richten
Als wende er sich in bittrem vorwurf an Gott.

2

Paris wird anders · doch meine betrübnis zu mildern
Vermag keine ändrung · gerüst und neuer palast
Und alte vorstadt – alles erscheint mir in bildern
Und meine erinnrungen wiegen wie bergeslast.

Vorm Louvre · wo ein bild mich erschütterte · dachte
Ich an meinen großen schwan der vorüberschlich
Wie irr und wie die verbannten – erhabne verlachte
Und ewig von sehnsucht zernagte – und dann an dich ·

Andromache der man den großen gatten entzogen ·
Dem stolzen Pyrrhus wurde als beute dein leib ·
Du über ein leeres grab in verzückung gebogen ·
Du witwe des Hector ach! und des Helenus weib.

Ich denke der negerin zehrung-erkrankt und hager:
Sie watet im schmutze und sucht mit fahlem gesicht
Der strahlenden Afrika glückliche palmenlager
Weit hinter den schranken sich türmender nebelschicht

Und derer die sich um unwiederbringliches kränken
Das nie .. nie .. und derer die schöpfen am tränenteich ·
Am schmerz wie an einer gütigen wölfin sich tränken ·
Der mageren waisen die welken den blumen gleich.

Im walde worin mein geist in verbannung gesessen
Ertönt eine alte erinnrung mit markigem schall!..
Ich denke an schiffer auf einsamer insel vergessen
Und an die gefangnen · besiegten … und anderen all!

CXV

DIE KLEINEN ALTEN

1

In alten städten in winkliger viertel nähe
Wo alles · sogar das entsetzen · in zauber sich kehrt
Gehorch ich meinen verderblichen launen und spähe
Nach wesen seltsam bestrickend · schwach und verzehrt.

Einst waren es frauen · die zerrbilder aufgerieben ·
Epona und Laïs! zerrbilder verschlissen krumm
Verschrumpft – es sind noch seelen · wir müssen sie lieben!
In ihren durchlöcherten kleidern kommen sie stumm

Die straße einher von den boshaften winden geschlagen
Im rollenden lärme der wagen zitternd geknickt
Und wie ein heiliges überbleibsel tragen
Sie bei sich ein säckchen mit blumen und schnörkeln bestickt.

Sie trippeln ähnlich wie die Polichinellen ·
Sie schleppen sich wie verwundete tiere fort
Und ohne zu wollen tanzen sie – arme schellen
Daran sich ständig ein dämon hängt! so verdorrt

Sie auch sind: ihre stechenden augen bestricken
Und glitzern wie ruhende wasserhöhlen bei nacht

Und sind wie die eines mädchens mit göttlichen blicken
Das alles bestaunt und zu allem erglänzenden lacht.

Habt ihr bemerkt: manche särge der alten waren
Wie die eines kindes – beinah ebenso klein?
Der weise tod legt in diese gleichheit der bahren
Ein sinnbild von seltsam ergreifender laune hinein.

Und seh ich an mir vorüber eins von den matten
Gespenstern durch das wimmelnde treiben fliehn
So scheint es mir immer dass diese gebrechlichen schatten
Ganz leis einer neuen wiege entgegenziehn.

Ich denke dann über die messkunst nach und ich zähle
Vom anblick dieser verschrobenen glieder erfasst
Wie oft der handwerker andere formen wohl wähle
Damit die kiste für jeden der körper passt.

Und brunnen sind ihre augen · tief unabsehlich ·
Sind tiegel beschlagen mit einem erkalteten erz ·
Und voll von geheimnissen fesseln sie unwiderstehlich
Den der erzogen wurde vom grausamen schmerz.

2

Des alten Frascati liebende priesterinnen ·
Thaliens töchter deren allein noch im sarg
Der flüsterer denkt · und berühmte verschwenderinnen
Die Tivoli ehmals in seinen blumen barg:

Sie alle berauschen mich · unter den zarten gestalten
Sind aber auch solche die machten zum honig den schmerz:
Sie sagten zum opfermut: willst du uns aufrecht halten?
Mächtiges flügelross · flieh mit uns himmelwärts!

Die eine im leiden geübt durch die heimatsonne
Die andre die ihres gatten qualen ertrug
Die dritte des kindes willen durchbohrte madonne
Sie hätten um ströme zu bilden der tränen genug.

3

Wie manchen bin ich gefolgt von den kleinen alten!
Von ihnen eine · zur zeit als die sonne sank
Und sich der himmel hüllte in blutige falten
Gedankenvoll saß sie abseits auf einer bank

Dem klang der soldatenmärsche zu folgen der bebend
Von pauken zuweilen durch unsere gärten gellt
Und der · an abenden golden und wiederbelebend ·
Mit heldenmut etwas die herzen der bürger schwellt.

Sie also (noch kräftig sich fühlend trotz ihrer jahre)
Sog gierig ein die lebhaften kampf-melodien.
Mit ihrem auge glich sie dem alten aare ·
Ihr marmornes haupt für den lorbeer geschaffen schien.

4

So ziehet ihr klaglos dahin mit stoischen stirnen
Inmitten unserer lebenden städte schlund ·
Ihr mütter mit blutendem herzen ihr frommen ihr dirnen
Ihr deren name vor zeiten in aller mund.

Euch die man die pracht genannt und die schönheit der erde
Euch kennt nun keiner · ein betrunkener schlüpft
An euch vorüber mit höhnischer liebesgebärde ·
Ein boshafter knabe hinter den fersen euch hüpft.

Geduckten ganges euch schämend mit furchtsamem blicke ·
Verschrumpfte gestalten die ihr an die mauern streift ·

Euch achtet keiner · seltsame geschicke ·
Ihr trümmer von menschen die ihr für die ewigkeit reift!

Ich aber schaue auf euch von fernem · nicht minder
Besorgt und auf euren schwankenden schritt
Wie wundersam! als wäret ihr all meine kinder ·
Ich fühle · euch unbekannt · heimliche freuden mit:

Ich sehe wie eure jungfräulichen triebe sich künden ·
Ich sehe die frohzeit und das verlorene glück.
Mein herz wie vervielfacht ergeht sich in all euren sünden
Und all eure tugenden strahlt meine seele zurück.

Ihr trümmer! ihr schwestern! mir verwandte scharen!
Ich nehme feierlich abschied von euch jeden tag.
Wo seid ihr morgen · ihr Even von hundert jahren
Auf denen Gottes entsetzlicher finger lag?

CXVI

DIE BLINDEN

Schau · meine seele · schrecklich anzusehen
Wie puppen sind sie! beinah lächerlich
Als ob im schlafe wandelnd sonderlich.
Wohin sie nur die dunklen kreise drehen!

Ihr aug verlassen von dem himmelslicht ·
Wie wenn sie in die ferne schauten · lenken
Sie stets hinauf. Sie mögen abwärts nicht
Die schweren träumerischen häupter senken.

Sie wandeln mit dem unbegrenzten Düstern ·
Des ewigen schweigens bruder .. stätte die
Um uns verbreitet singen lachen fluchen ·

Die nach vergnügen bis zur wildheit lüstern!
Ich frage schleichend · blöder noch als sie:
Was diese blinden all am himmel suchen!

CXVII

EINER VORÜBERGEHENDEN

Es tost betäubend in der straßen raum.
Groß schmal in tiefer trauer majestätisch
Erschien ein weib · ihr finger gravitätisch
Erhob und wiegte kleidbesatz und saum ·

Beschwingt und hehr mit einer statue knie.
Ich las · die hände ballend wie im wahne ·
Aus ihrem auge (heimat der orkane):
Mit anmut bannt mit liebe tötet sie

Ein strahl … dann nacht! o schöne wesenheit
Die mich mit EINEM blicke neu geboren ·
Kommst du erst wieder in der ewigkeit?

Verändert · fern · zu spät · auf stets verloren!
Du bist mir fremd · ich ward dir nie genannt ·
Dich hätte ich geliebt · dich dies erkannt.

CXXIV

Die treue magd auf die ihr eifrig wachtet
Und die nun unterm schlichten rasen nachtet
Mir dünkt dass wir ihr ein paar blumen schulden ·
Die armen toten haben viel zu dulden.
Und wenn oktober der die bäume schüttelt
An ihren gräbersteinen traurig rüttelt
So müssen sie uns oben herzlos finden
Die wir uns weich in unsre decken winden.

Sie aber sind verzehrt von grausen schaudern ·
Sind ohne bettgenoss und ohne plaudern
Und ihr gebein woran die würmer klopfen
Verspürt der winterlichen wasser tropfen
Und nimmer wechseln freunde und gevattern
Die fetzen die um ihren kerker flattern. Und säh ich sie beim
   singenden gezische
Des feuers plötzlich still vor meinem tische
Und unter eisigen dezemberschauern
In einem winkel meines zimmers kauern
Und ihrem grab entstiegen freundlich nicken
Dem großgewordnen kind mit mutterblicken ·
Was würd ich zu der frommen seele sprechen
Der aus dem hohlen auge tränen brechen?

CXXV

NEBEL UND SCHLOSSEN

Herbstende! winter! frühling mit schlammigem eise!
Ihr schläfernden zeiten des jahrs · ich liebe und preise
Was mein gemüt und meine gedanken umgab

Mit dunstigem leintuch und mit verschwommenem grab.

Spielt in der ebne der kalte sturm und die reiser
Und wird in langen nächten die windfahne heiser:
Dann öffnet – wie nie in lauer frühlingszeit –
Die seele ihre rabenfittiche weit.

Nichts süßer für ihn dem alles erfüllt ist mit trauer
Und der seit langem in eurem reife gefriert ·
Ihr bleichen himmel die ihr unsre länder regiert ·

Als dieser beständige anblick von dämmer und schauer.
 – Nur schläfern wir manchmal an mondlosem abend zu zwein
Auf einem gewagten bette die schmerzen ein.

CXXVII

MORGENDÄMMERUNG

Die frühwache tönt in den höfen der kasernen ·
Die morgenwinde blasen auf die laternen.

Das ist die zeit wo gefährliche träume wehn ·
Die braunen jünglinge auf ihren kissen sich drehn.
Die lampe macht in den tag einen roten flecken:
So bleibt ein blutiges auge zitternd stecken.
Die seele unter des störrischen körpers gewicht
Die nämlichen kämpfe des tags und der lampe ficht.
Wie in einem antlitz voll tränen die leise verwischen ·
In lüften entschwebender dinge schauer sich mischen.
Der mann hat am schreiben · die frau hat am lieben genug.
Schon sieht man auf einzelnen häusern des rauches flug.
Die freudenmädchen mit aschfahlen augendecken
Und offenem mund im stumpfen schlafe sich strecken ·

Die bettlerin abgemagert · mit starrendem blut ·
Bläst sich auf die finger und bläst in die glimmende glut.
Es ist die stunde wo unter frost und entbehren
Die schmerzen der wöchnerinnen sich vermehren.
Wie seufzer gedämpft von erbrochenen blutes schaum
Durchdringen die hahnenrufe den qualmigen raum.
Ein meer von nebeln badet mauern und dächer ·
Die sterbenden in den winkeln der krankengemächer
Stoßen beschwerlich die letzten schluchzer heraus
Die sünder von ihrer arbeit matt gehen nach haus.

Die morgenröte in rosa und grünem gewande
Kommt frierend langsam daher am Seine-strande
Und das düstre Paris das den schlaf aus den augen sich streift ·
Ein rüstiger alter mann · nach dem werkzeuge greift.

DER WEIN

CXXVIII

DIE SEELE DES WEINES

Des weines geist begann im fass zu singen:
Mensch · teurer Ausgestoßener · dir soll
Durch meinen engen kerker durch erklingen
Ein lied von licht und bruderliebe voll.

Ich weiß: am sengendheißen bergeshange
Bei schweiß und mühe nur gedeih ich recht ·
Da meine seele ich nur so empfange ·
Doch bin ich niemals undankbar und schlecht.

Und dies bereitet mir die größte labe
Wenn eines arbeit-matten mund mich hält ·
Sein heißer schlund wird mir zum süßen grabe
Das mehr als kalte keller mir gefällt.

Du hörst den sonntagsang aus frohem schwarme?
Nun kehrt die hoffnung prickelnd in mich ein:
Du stülpst die ärmel · stützest beide arme ·
Du wirst mich preisen und zufrieden sein.

Ich mache deines weibes augen heiter
Und deinem sohne leih ich frische kraft ·
Ich bin für diesen zarten lebensstreiter
Das öl das fechtern die gewandtheit schafft.

Und du erhältst von diesem pflanzenseime
Das Gott · der ewige sämann · niedergießt
Damit in deiner brust die dichtung keime
Die wie ein seltner baum zum himmel sprießt.

CXXIX

DER WEIN DER BETTLER

Oft kommt bei einer laterne rotem glanze
Beim rasseln des glases · der flamme zuckendem tanze
In alter vorstadt irrgängen dumpf und feucht
Darin in stürmischer gärung die menschheit keucht:

Ein bettler des weges der mit dem kopfe schüttelt ·
Der wie ein dichter an mauern rennt und rüttelt ·
Er nimmt auf die spähenden wächter keine acht ·
Ergießt sein herz in eingebildeter macht

Erhabne gesetze gebend und eide schwörend
Die bösen vernichtend die schuldlosen opfer erhörend.
Der himmel ist über ihm wie ein throndach geschmückt ·
Er ist von dem glanz seiner eigenen würden entzückt

Ja diese leute von häuslichen sorgen gepeinigt
Vom alter gemartert und von der arbeit gesteinigt ·
Entkräftet · unter dem haufen von trümmern geneigt ·
Ein wüstes gewühl das der riesigen stadt entsteigt:

Sie kehren mit ihren gefährten in kriegen gemagert
Zurück und ein fassgeruch über den ziehenden lagert ·
Wie fetzen von alten fahnen hängt ihr bart
Die banner die blumengeschmückten bogen der fahrt

Erheben sich vor ihnen in festlichem jubel ·
Sie bringen in glänzendem und betäubendem trubel
Von sonne von waffen von pauken und stimmengebraus
Dem liebetrunkenen volke die ehre nach haus ..

So rollt durch die völker · die schwelger in heitren genüssen
Der wein sein gold dahin in blendenden flüssen ·
Er singt in der kehle des menschen was er schon vollbracht
Und mit seinen gaben erwirbt er sich fürstliche macht

Den gleichmut zu wiegen und zu verscheuchen den kummer
Erfand der Herr von reue erfasst den schlummer
Für all die verwünschten die nah an den gräbern sind
Der mensch fand den wein · der sonne geheiligtes kind.

CXXXI

DER WEIN DES EINSAMEN

Der sonderbare blick der leichten frauen
Der auf uns gleitet wie das weiße licht
Des mondes auf bewegter wasserschicht ·
Will er im bade seine schönheit schauen ·

Der lezte taler an dem spielertisch
Ein frecher kuss der hageren Adeline
Erschlaffenden gesang der violine
Der wie der menschheit fernes qualgezisch

Mehr als dies alles schätz ich · tiefe flasche ·
Den starken balsam den ich aus dir nasche
Und der des frommen dichters müdheit bannt.

Du gibst ihm hoffnung liebe jugendkraft
Und stolz · dies erbteil aller bettlerschaft ·
Der uns zu helden macht und gottverwandt.

CXXXII

DER WEIN DER LIEBENDEN

Prächtig ist heute die weite ·
Stränge und sporen beiseite ·
Reiten wir auf dem wein
In den feenhimmel hinein!

Engel für ewige dauer
Leidend im fieberschauer ·
Durch des morgens blauen kristall
Fort in das leuchtende all!

Wir lehnen uns weich auf den flügel
Des windes der eilt ohne zügel.
Beide voll gleicher lust

Lass schwester uns brust an brust
Fliehn ohne rast und stand
In meiner träume land!

BLUMEN DES BÖSEN

CXXXIII

AUFSCHRIFT AUF EIN VERPÖNTES BUCH

Leser friedlich und ländlich
Brav und voll nüchternheit ·
Wirf dieses buch beiseit:
Trübselig ist es und schändlich.

Saßest du nicht auf der bank
Bei Satan · dem listigen pfaffen ·
So hast du mit mir nichts zu schaffen ·
Du hältst vielleicht mich für krank.

Wenn aber – doch nicht übertrieben –
Dein aug an dem abgrund sich weidet
So lies mich und lerne mich lieben.

Neusüchtige seele die leidet
Und nach ihrem himmel sucht ·
Beklag mich! wenn nicht – sei verflucht!

CXXXIV

DIE ZERSTÖRUNG

Der dämon ohne lass mich rings berennt
Wie eine luft ungreifbar mich umhüllend.
Ich schlürfe ihn · ich fühle wie er brennt
Mit einem ewigen schuldigen wunsch mich füllend.

Mit meinem großen drang zur kunst bekannt
Gebraucht er manchmal buhlerische ränke
In die verführendste gestalt gebannt
Gewöhnt er mich an die verruchten tränke.

So leitet er mich fern von gottes blick
Gebrochen keuchend unter dem geschick
Fort durch des grames wüste weite länder

Und wirft in meine augen hohl und irr
Der offnen wunden fleckige gewänder
Und der zerstörung blutiges geschirr.

CXXXVI

VERDAMMTE FRAUEN

Wie rinder sinnend auf den uferkieseln
So blicken sie zum fernen himmelsrand ·
Mit sanftem sehnen und mit fieberrieseln
Verschlingt sich fuß mit fuß und hand mit hand.

Die einen beichten ihrer herzen triebe
Im dunklen busch und an des baches saum ·

Sie reden von der bangen kindheitliebe
Und ritzen schrift in einen jungen baum.

Und jene ziehn wie schwestern durch die wüste
Wo manche wunderbare tat geschah ·
Wo Sankt Anton die nackten purpurbrüste
In der versuchung sich erheben sah.

Ein andrer teil der bei des peches dünsten
Im stummen schlund von zauberhöhlen weilt
Ruft dich herab in ungestillten brünsten ·
O Bacchus! der die alte reue heilt.

Noch andre schmücken sich mit skapulieren
Und bergen geißeln in der kleider bausch ·
Sie mischen nachts in einsamen revieren
Der folter tränen mit der freude rausch.

Ihr mädchen weiber · dulder oder sünder ·
Beherzte spötter ihr der wirklichkeit ·
Des unbegrenzten eifrige ergründer
Die ihr in wildem wechsel weint und schreit:

In mitleid folgt ich euch in eure hölle ·
Euch armen schwestern bin ich zugewandt
Ob eurer qual ob eurer gierden völle
Ob eurer herzen groß und liebentbrannt.

LXXX

(ERSTE AUSGABE)

LESBOS

Mutter latinischer spiele und griechischer wonnen ·
Lesbos wo küsse bald freudig bald schmachtend gelind
Frisch wie die reifen pasteken und heiß wie die sonnen
Zierde der ruhmvollen tage und nächte sind.
Mutter latinischer spiele und griechischer wonnen!

Lesbos wo küsse wie wasser des wildbaches schnellen
Der ohne bangen in grundlose schluchten lief ·
Dann sich windet in pochenden schluchzenden wellen
Stürmisch und heimlich emsig wimmelnd und tief ·
Lesbos wo küsse wie wasser des wildbaches schnellen.

Lesbos wo sich die Phrynen einander begehren ·
Wo noch kein seufzer der antwort entbehrend verrann ·
Du die nicht minder wie Paphos die sterne verehren
Wo die Venus die Sappho beneiden kann.
Lesbos wo sich die Phrynen einander begehren.

Lesbos du erde der heißen erschlaffenden nächte!
Mädchen vor ihren spiegeln – o heillose sucht –
Hohlen auges verleitet durch heimliche mächte
Spielen mit ihres frauentums reifender frucht ·
Lesbos du erde der heißen erschlaffenden nächte.

Möge des alten Plato strenge sich stoßen!
Dir wird verziehn durch der küsse unendliche zahl ·
Herrin von milden gebieten von lieblichen großen
Und von beständiger freuden verfeinerter wahl.
Möge des alten Plato strenge sich stoßen!

Dir wird verzeihung auf grund deiner ewigen qualen
Fürder strebenden geistern als strafe geschickt ·
Ferne von uns verlocken sie lächelnde strahlen
Traumhaft am horizont anderer himmel erblickt
Dir wird verzeihung auf grund deiner ewigen qualen.

Wer von den göttern o Lesbos wagt dich zu richten
Und wer verurteilt dein mühegebleichtes gesicht
Eh er die sintflut erwogen mit goldnen gewichten
Die aus tränen bestehend zum meere bricht?
Wer von den göttern o Lesbos wagt dich zu richten?

Was bedeuten die sätze des guten und schlechten?
Hehre mädchen · ihr zierde der inselwelt ·
Euer glaube ist einer der großen und echten ·
Liebe hat himmel und hölle in schatten gestellt.
Was bedeuten die sätze des guten und schlechten?

Um das geheimnis der knospenden mädchen zu singen
Hatte mich Lesbos auf erden vor allen bestimmt ·
Mich schon von kind auf bekannt mit den finsteren dingen
Heller gelächter drin schmerzliche träne schwimmt
Um das geheimnis der knospenden mädchen zu singen.

Seitdem seh ich hinaus am leukadischen riffe
Wie ein posten mit sichrer durchdringender schau
Täglich und nächtig auf böte und kähne und schiffe ·
Ihre gestalten erzittern von weitem im blau.
Seitdem seh ich hinaus am leukadischen riffe

Um zu erfahren des meeres nachsicht und milde.
Und unter seufzern am dröhnenden klippenring
Landest du auf des vergebenden Lesbos gefilde ·
Angebetete leiche der Sappho die ging
Um zu erfahren des meeres nachsicht und milde!

Sappho · die männliche · liebende seele und dichter ·
Schöner als Venus durch tötlicher blässe schein ·
Blaues auge besiegten unheimliche lichter
In einem düsteren kreise gerieft von der pein
Sapphos · der männlichen · liebende seele und dichter.

Schöner als Venus sich über der erde erhebend
Hat sie mit heiteren sinnes schätzen beglückt ·
Mit ihrer blonden jugend strahlen belebend
Greisen Okeanos den seine tochter entzückt ·
Schöner als Venus sich über der erde erhebend.

Sappho · am tag ihrer lästerung beute der toten ·
Als sie durchbrach des erfundenen brauches gewalt
Und ihre schönheit zur äußersten ernte erboten
Rohem arm der mit hochmut das opfer vergalt
Sapphos · am tag ihrer lästerung beute der toten.

Seit jener stunde ergeht sich Lesbos in klagen ·
Trotz aller ehren die ihm nun das weltall erzeigt
Lauscht es bei tag und bei nacht dem getöse der plagen
Das von den öden gestaden den himmel ersteigt ·
Seit jener stunde ergeht sich Lesbos in klagen.

CXXXVII

DIE BEIDEN BARMHERZIGEN SCHWESTERN

Lust und vergängnis sind ein kräftig prangend
Ein lieblich viele küsse spendend paar ·
Ihr leib jungfräulich und von lumpen hangend
Bei ewiger arbeit niemals noch gebar.

Der unheimliche dichter · feind der ehen
Der hölle günstling hofmann ohne brot ·
Hat bei dem grab und freudenhause stehen
Ein bett das kein gewissensbiss bedroht.

Gemach und bahre reich an freveleien
Sind zwei barmherzige schwestern · sie verleihen
Entsetzlichen genuss und süße qual.

Wann kommst du · ekle lust · den sarg mir klopfen ·
Und wann wirst du · ihr reizender rival ·
Zipressen auf die faulen mirten pfropfen?

CXXXVIII

DER BLUTQUELL

Oft scheint es dass mein blut in strömen schießt
So wie ein quell im takte schluchzend fließt ·
In langem murmeln hör ich wohl die welle
Doch tastend find ich nicht die wunde stelle.

Quer · wie in dämmen · läuft es durch die gassen
Als inselchen die steine einzufassen
Es löscht den durst jedweder kreatur
Bemalt mit rot im umkreis die natur.

Wie oft ich auch nach schwerem weine rief
Zu flüchtiger lindrung wenn die schmerzen bohren:
Wein macht den blick nur hell und schärft die ohren.

Ich glaubt im arm der liebe schlief ich tief
Doch gleicht die liebe einem dornen-pfühle
Wo jener grausen weiber durst sich kühle.

101

CXXXIX

DARSTELLUNG

Ein schönes weib mit stolzem bau der glieder
Im rausche wallen ihr die haare nieder ·
Der liebe kralle wie der schenke gift
Vergebens diese haut von marmor trifft.
Sie lacht dem tode und sie höhnt den lüsten ·
Der drachen griff die unser unheil rüsten.
Nichts vom zerstörerischen spiel verrät
Des festen körpers rauhe majestät.
Sie geht als göttin · ruht als bajadere
Und folgt im taumel des Profeten lehre.
In ihrer arme ausgespannt geflecht
Winkt sie herbei dem menschlichen geschlecht.
Sie glaubt · sie weiß die unfruchtbare dirne:
– Doch nötig zu dem wandel der gestirne –
Die körperschönheit ist ein hehres gut
Und schenkt verzeihung jedem frevelmut.
Sie kennt kein fegefeuer keine hölle
Und wenn des schwarzen geistes ruf erschölle
Sie würde ihn erwarten ohne scheu
Und wie ein säugling ohne hass und reu.

CXLII

DIE LIEBE UND DER SCHÄDEL

(ALTER BUCHZIERRAT)

Auf dem schädel der menschheit
Wie auf einem thron

Sizt die liebe und schmäht sie
Mit keckem hohn ·

Bläst lustig die runden blasen ·
Sie steigen hinauf
Als strebte zu fernen welten
Im äther ihr lauf.

Es flüchtet in weitem fluge
Der lichte schaum ·
Plazt und speit seine seele
Die zart ist wie goldner traum.

Der schädel bei jeder blase
Stöhnt im gebet:
Wann das spöttische furchtbare spiel
Wohl zu ende geht!

Was grausam dein mund vergeudet
Im übermut
Mein hirn ists · mordendes scheusal ·
Mein fleisch und mein blut.

AUFRUHR

CXLIII

DIE VERLEUGNUNG DES HL. PETRUS

Was macht nur Gott mit diesem sturm von flüchen
Der stets zu seinen lieben engeln gellt?
Wie ein tyrann mit fleisch und wein geschwellt
Entschläft er sanft bei unsren lästersprüchen.

Das schluchzen aus der richt- und marterstatt
Gewiss wie ein berauschend opfer lodert ·
Trotz all dem blut das ihre wollust fodert
Sind es die himmel immer noch nicht satt.

Ach Jesus! denk an den oliven-garten!
In deiner einfachheit hast du gefleht
Zu dem der sich mit lachen weggedreht
Als dir im fleisch des henkers nägel starrten ·

Und als du sahst wie deine gottheit dann
Bespieen ward von küchenvolk und wachen
Und als die dornen in das haupt dir stachen
Das für die ganze weite menschheit sann ·

Als du mit schwerem und gebrochnem leibe
Die beiden arme spanntest und der schweiß
Das blut dir rann von deiner stirne heiß ·
Als du vor alle hingestellt als scheibe

Sahst du die schönen lichten tage neu
Als du die ewige sendung zu erfüllen
Einher auf einem sanften maultier-füllen
Durch wege tratst voll laub und blumenstreu?

Dein arm gedrängt von hoffnung und von ehre
Die feilen krämer aus dem tempel riss?
Du endlich herr warst? kein gewissensbiss
Ist in dein herz gedrungen vor dem speere?

Ich fliehe wahrlich gerne dies geschlecht
Das traum und tat sich zu verbinden wehrte …
Ich fechte und ich falle mit dem schwerte ·
Petrus verleugnete den Herrn – mit recht!

DER TOD

CXLVI

DER TOD DER LIEBENDEN

Wir haben betten voller leichter düfte ·
Wir haben polster wie die gräber tief
Und seltne blumen ragen in die lüfte
Die schönres land für uns ins dasein rief.

Die lezte glut verbrennt auf gutes glück
In unsrer herzen beiden flammentiegeln ·
Ihr zwiefach leuchten aber strahlt zurück
In unsren geistern · diesen zwillingsspiegeln.

Ein abend kommt mit blau und rosa blinken ·
Da flackert es noch einmal lichterloh:
Ein langer seufzer und ein scheidewinken.

Hernach erscheint ein engel auf der schwelle
Um wieder zu beleben treu und froh
Die trüben spiegel und die tote helle.

CXLVII

DER TOD DER ARMEN

Es ist der Tod der tröstet und belebt ·
In dem wir einzig ziel und hoffen sehn ·
Er gibt den trank der uns berauscht erhebt
Und mut bis zu dem abend hinzugehn.

Er ist beim schnee beim sturm beim regenpralle
Am düstren himmelsrand ein dämmertag ·
Er ist die weitberühmte gästehalle
Wo jeder sitzen speisen trinken mag.

Er ist der engel mit magnetnem finger ·
Der wonneträume und des schlafes bringer ·
Damit er armer menschen lager glätte.

Er ist der götter ruhm das kornverlies
Des bettlers schatz und alte heimatstätte
Das thor zum unbekannten paradies.

CXLVIII

DER TOD DER KÜNSTLER

Wie lange werd ich fröstelnd beben müssen
Und · spottgestalt! die flache stirn dir küssen ·
Wie viele pfeile fliehn aus meinen köchern
Die mystisch ferne scheibe zu durchlöchern?

Wir zehren unsere kraft in spitzen plänen ·
Wir werden manche harte wehr zerhauen

Eh wir die große kreatur beschauen
Ihr höllisches gelüst erzwingt uns tränen.

So manche fanden niemals ihr Idol ·
Verwünschte bildner die die schande geißelt
Und deren hand dir haupt und busen meißelt

Mit einer hoffnung · düstres kapitol ·
Dass einst der Tod · ein neues tag-gestirn ·
Die blumen sprießen lässt in ihrem hirn.

CXLIX

ENDE DES TAGES

Unter blassem lichte schwärmend
Tanzt und stürzet ohne grund
Sich das leben schamlos lärmend ..
Doch sobald am himmelsrund

Wonnevoll die nacht sich breitet
Alles – auch der hunger – ruht ·
Alles – auch die schmach – vergleitet:
Sagt der dichter: nun ists gut!

Gierig flehen meine glieder
Wie mein geist die ruhe nieder
Von unseligem traum zerwühlt ..

Will mich auf den rücken strecken
Eingehüllt in eure decken
Finsternisse die ihr kühlt!

CL

TRAUM EINES NEUGIERIGEN

Kennst du wie ich den wohlgeschmack der schmerzen
Und sagt man auch von dir: der sonderling!
Ich lag im tod: im liebevollen herzen
War gier und schreck gemischt · ein seltsam ding.

Nur angst und hoffnung ohne groll und klage
Und schnell und schneller rann die schlimme uhr
Und herber köstlicher ward meine plage ·
Mein sinn enteilte dieser erden spur.

Ich war ein kind das nach dem schauspiel lüstet
Und ob des vorhangs · der verhüllt · entrüstet
Bis endlich sich die nackte wahrheit wies:

Ich war gestorben ohne staunen. Schimmer
Des grausen tags ging auf. Was · nichts als dies!
Das stück war an – ich wartete noch immer.

CLI

DIE REISE

1

Dem kind entzückt in karten und pastelle
Die schöpfung seiner weiten gier entspricht.
Wie groß ist doch die welt bei lampenhelle!
Wie ist sie klein in der erinnrung licht!

Wir reisen eines tags · das hirn voll gluten ·
Das herz mit bittrem wunsch und bittrem weh ·
Wir wiegen in uns nach dem takt der fluten
Ein unbegrenztes auf begrenzter see.

DIE um verhasster heimat zu entkommen ·
DIE ihrer wiege schrecken · andre auch:
Erforscher die in weibes aug verschwommen ·
Der Kirke mit verderblich süßem hauch.

Um nicht behext als tiere zu verharren
Enteilen sie in raum und luft und strahl ·
Im sonnenbrande · in des eises starren
Verwischt allmählich sich der küsse mal.

Die wahren wandrer aber sinds die reisen
Nur um zu reisen – federleichter hauf!
Sie können nie ihr schicksal von sich weisen ·
Sie wissen nicht warum und rufen: auf!

Und ihre wünsche sind aus wolkenländern
So träumt ein neuling der zu felde zog
Von weiten freuden die sich ständig ändern
Und die noch nie ein menschengeist erwog.

2

Wir ahmen nach – o schrecken – ball und kreisel
In sprung und walzer. ja · auch wenn ihr schlaft
So schwingt die neugier über euch die geißel ·
Ein strenger engel der planeten straft.

O seltne fahrt die jedes ziel verstattet!
– Es ist an jedem · drum an keinem ort –
Wobei der mensch dess hoffnung nie ermattet
Nach ruhe strebt und rennt wie rasend fort.

Die seele ist ein dreimast auf der suche.
Die augen auf! erschallt es in dem schiff ·
Vom maste winkts mit lautem tollen spruche:
Ruhm .. liebe .. glück! – o fluch! es ist ein riff.

Und jede insel die der wächter kündet
Erscheint ein gold-schloss vom geschick erbaut ·
Der fabelsinn der dort sein reich schon gründet
Sieht einen fels nur wann der morgen graut.

O armer freund von zaubrischen gezelten!
Er soll ins meer · er soll in strenge haft ·
Der trunkne seemann · finder neuer welten
Durch deren schein die gruft uns näher klafft!

Er gleicht dem bettler der im schmutze watend
Ins blaue guckt · sich paradiese malt
Und wie verzückt ein Capua erratend
Allwo ein kien aus einer hütte strahlt.

3

Ihr hehren wandrer! welche edlen sätze
In eurem tiefen blick geschrieben sind!
O zeigt uns eures reichen lebens schätze ·
Die perlen hergestellt aus stern und wind!

Wir wollen reisen ohne dampf und räder ·
O lasst damit ihr unsren kerker sonnt
Verzweigen über unsres sinns geäder
Der bilder strom umrahmt mit horizont!

Sagt was ihr saht!

4

Wir sahen sternenflittern
Wir sahen wogenprall und sandrevier.
Trotz vielen schlägen vielen ungewittern
Empfanden oft wir langweil grad wie hier.

Der sonne glanz auf veilchenfarbnen meeren
Der glanz der städte wenn die sonne sinkt
Entzündete in uns ein heiß begehren
Nach einem himmel der verlockend winkt.

Die reichsten städte herrlichsten gefilde
Sie haben nie den zauber ausgeübt
Wie solche hoch im wolkigen gebilde
Die sehnsucht machte immer uns betrübt.

O sehnsucht · der genuss verleiht dir kräfte ·
Du alter baum den das vergnügen düngt ·
Erstarren auch und schwinden deine säfte:
Strebt dein geäst zur sonne wie verjüngt!

Du alter baum · wirst du so dauernd sitzen
Wie die zipresse?.. doch wir haben da
Für euer gierig album welche skizzen
Ihr brüder · alles fremde liebt ihr ja!

Wir grüßten götzen mit verwachsnem strunke
Und thronen mit juwelbeseztem saum
Paläste voll von feeenhaftem prunke ·
Für eure handelsherrn ein unglückstraum!

Und sitten wie sie unser aug berauschen:
Die frauen die sich färben zahn und hand ·
Und weise gaukler denen schlangen lauschen …

Was noch? was noch?

O kindlicher verstand!

Sei nicht das allererste euch verschwiegen!
Wir suchten nie · wir fanden überviel
Hinauf hinab die unheilvollen stiegen
Der ewigen sünde widerwärtig spiel.

Das weib das albernheit und stolz verdüstern
Sich schmeichelnd ohne scham und überdruss ·
Der mann · ein vogt gefräßig hart und lüstern ·
Der sklavin sklave und im kot ein fluss.

Des henkers lachen und des opfers ächen
Das fest durch blutige schau gewürzt und roh
Der allmacht gifte die den zwingherrn schwächen
Das volk vertiert und seiner knute froh.

Viel glaubensarten unsrer eignen gleiche
Von denen jede zu dem himmel klimmt
Und – wie ein lüstling aus der daunen weiche –
Aus dorn und fellhaar ihre wonnen nimmt.

Die menschheit schwatzend · ihren geist bejuchzend
Und toll wie früher · unveränderlich ·
Zu Gott in wilden todeskämpfen schluchzend.
O Herr! o meines gleichen! fluch auf dich!

Die klügste schar – des wahnes kühne söhne –
Die aus dem eingepferchten haufen bricht

Dass sie im weiten reich des mohnes fröne ..
So heißt des erdballs ewiger bericht.

7

Ein bittres wissen das die reise spendet!
Die welt sich gleich und klein hat gestern heut
Und immer unser bild uns zugewendet ·
Ein fels von schreck im meer des leids verstreut.

Verbleiben? ziehen? bleib kann dirs genügen!
Geh wenn du musst! der rennt · der deckt sich zu
Um jenen wachsam schlimmen feind zu trügen ·
Die Zeit – ach! läufer gibt es ohne ruh

Dem Ewigen Juden gleich · dem glaubenswandrer
Für die kein wagen ausreicht und kein boot
Die quälerin zu fliehen – und manch andrer
Der nie sein bett verlassen schlägt sie tot.

Und fühlen wir im rücken ihre spuren
Dann hoffen wir und rufen laut: voran!
So wie wir ehemals nach China fuhren
Die augen weit die haare im orkan ·

So segeln jezt wir auf dem meer des düstern
Mit junger pilger frohem pulseschlag ..
Ihr hört das reizende und schlimme flüstern
Der stimmen: >Hierher wer da essen mag

Vom lotus düftevoll! hier könnt ihr lesen
Die wunderfrucht die euer herz ersehnt.
Berauscht euch an dem seltsam süßen wesen
Des nachmittages der sich endlos dehnt.<

Wir kennen am vertrauten ton die Spektren ·
Die Pylade · den arm uns zugekehrt
>Dein herz zu laben schwimme zu Elektren<
So spricht sie deren knie wir einst verehrt.

8

Tod! alter seemann · auf zum ankerlichten!
Dies land hier sind wir müd · o Tod voraus!
Mag luft und meer zu tinte sich verdichten ·
Sind unsre herzen doch ein strahlenhaus.

Gib uns dein gift! es soll von trost uns reden ·
Lass uns – ein wildes feuer uns durchfuhr –
Zum abgrund tauchen · hölle oder eden ·
Zum Unbekannten nach des Neuen spur!

ANHANG

Die im Anhang nachgebildete Vor-Ausgabe der Blumen des Bösen,
deren meiste Gedichte später eine andere Fassung erhielten, wurde
1891 als Vervielfältigung der Handschrift – nicht der des Dichters
selbst – im damals üblichen Verfahren hergestellt. Von den 25 Stü-
cken, die Freunden und Verehrern überreicht wurden, gelangten spä-
ter einige durch Erben oder aus Zufall in den Handel. Der erste öffent-
liche Druck erschien bei Georg Bondi 1901.

Folgende Gedichte, meist in der Fassung der späteren Buchausgabe ·
· waren zuvor anderwärts erschienen: in den Bl. f.d.K. II. F. 1. B. Segen
(S. 9), Don Juan in der Hölle (S. 31), Das Haar (S. 44), Die kranke
Muse (S. 23), Eine Erscheinung (S. 57), deren zwei erste Teile auch
das Tombeau de Ch. Baudelaire Paris 1896 gebracht hat. Bl. f.d.K. II.
F. 2 B. enthielt Lesbos die V.F. Abendeinklang (S. 70), Der Mensch
und das Meer (S. 30), Moesta et Errabunda (S. 86), Berthas augen (S.
116), Sammlung (S. 123), die Allgemeine Kunst Chronik 1894 heft
23: Don Juan in der Hölle, Der Duft (S. 58), Das Haar, Der Balkon (S.
55), Verdammte frauen (S. 161).

Die Blätter führten die Übertragungen mit diesem Vorspruche ein:
>Dies sind Auszüge aus der ersten deutschen Baudelaire-Übertragung,
die, anfangs in geringer Auflage verbreitet, bald einer größeren gesell-
schaft übergeben wird. Ohne Charles Baudelaire ist ein Verständ-
nis der neuesten französischen Literatur undenkbar. Wer ihn aber
heute noch zur Nachahmung empfehlen will, dem rufen wir zurück,
dass dieser Dichter zur Zeit des Zweiten Kaiserreiches gelebt hat.<
>Lebos< erhielt noch folgende besondere Erklärung: >Dieses Gedicht
Baudelaires gehört zu denen, die von der ersten Ausgabe an aus heute
unbegreiflichen Gründen verbannt wurden – was Reimkunst angeht
eines der vorzüglichsten des Meisters.<

Arthur Holitscher

Charles Baudelaire

Severus Verlag Hamburg 2016
56 Seiten, 21,0 x 14,8 cm
Neusatz der Originalausgabe von 1904

34,90 € (HC)
ISBN: 978-3-95801-468-8
24,90 € (PB)
ISBN: 978-3-95801-469-5

Charles Baudelaire – Exzentriker, rastloser Sucher, virtuoser Lyriker.

Arthur Holitscher schildert das unstetige Leben eines der bedeutendsten französischen Schriftsteller und Wegbereiter der europäischen Moderne. Prägende Kindheitsmomente, sein anrüchiges Szeneleben in der Pariser Bohème sowie die Schwierigkeit, soziale Kontakte zu knüpfen werden detailliert beschrieben.

Eine Vielzahl von Textauszügen auf Französisch sowie Originalzeichnungen von Baudelaire selbst ergänzen die Darstellungen.

Stefan George

**Dante. Umgedichtete Episoden
der Göttlichen Komödie**

Severus Verlag Hamburg 2017
168 Seiten, 21,0 x 14,8 cm
Neusatz der Originalausgabe von 1909

29,90 € (HC)
ISBN: 978-3-95801-783-2
19,90 € (PB)
ISBN: 978-3-95801-796-2

Der Protagonist Dante erlebt eine Reise durch Hölle, Fegefeuer und Paradies. Während er die drei Totenreiche durchschreitet, begegnet er wilden Tieren, bekannten Poeten wie Vergil, Horaz oder Ovid, und seiner Jugendliebe Beatrice. Anfangs noch durch einen Wald irrend, führt ihn sein Weg zu dem Ziel, eine Erkenntnis von der Liebe und Gott zu erlangen.

Die Ausgabe ist eine Umdichtung des deutschen Lyrikers Stefan George (1868–1933).